# VR 在教育领域的融合及教学实践

路淑芳◎著

吉林出版集团股份有限公司
全国百佳图书出版单位

**图书在版编目（CIP）数据**

VR 在教育领域的融合及教学实践 / 路淑芳著 .
长春 : 吉林出版集团股份有限公司 , 2024. 8. —— ISBN
978-7-5731-5707-2

Ⅰ . G40-03

中国国家版本馆 CIP 数据核字第 20244H8M30 号

# VR 在教育领域的融合及教学实践

VR ZAI JIAOYU LINGYU DE RONGHE JI JIAOXUE SHIJIAN

| | | |
|---|---|---|
| 著　　者 | 路淑芳 | |
| 责任编辑 | 李柏萱 | |
| 封面设计 | 张　肖 | |
| 开　　本 | 710mm×1000mm | 1/16 |
| 字　　数 | 180 千 | |
| 印　　张 | 11.5 | |
| 版　　次 | 2025 年 5 月第 1 版 | |
| 印　　次 | 2025 年 5 月第 1 次印刷 | |
| 印　　刷 | 天津和萱印刷有限公司 | |

| | |
|---|---|
| 出　　版 | 吉林出版集团股份有限公司 |
| 发　　行 | 吉林出版集团股份有限公司 |
| 地　　址 | 吉林省长春市福祉大路 5788 号 |
| 邮　　编 | 130000 |
| 电　　话 | 0431-81629968 |
| 邮　　箱 | 11915286@qq.com |
| 书　　号 | ISBN 978-7-5731-5707-2 |
| 定　　价 | 69.00 元 |

# 前　言

　　VR 是一种能够通过计算机模拟出现实场景的技术，使用户沉浸在一个虚拟的环境中，与环境进行交互，达到身临其境的效果。VR 技术作为一种独特的教学手段，可以创造出逼真的虚拟学习场景，实现情境式教学，让学生身临其境地体验学习，与知识进行对话，提升学习效果和学习体验。VR 技术与教学相融合，为教育信息化提供了强大的支撑和动力。VR 技术的应用将会在教育领域中带来广泛的变革和创新，推动教育现代化的发展。随着 VR 技术的不断发展和普及，VR 教育将会成为教育教学中不可或缺的重要手段。

　　本书第一章为 VR 技术概述，分别从 VR 技术的内涵及发展、VR 技术的交互及对比、VR 技术的分类及构成三个方面展开介绍；第二章为 VR 技术融入课堂教学对学习的影响，主要介绍了四个方面的内容，依次是 VR 技术与课堂教学的融合、VR 技术与学习投入的关系、VR 技术对学习投入的影响、VR 技术与教学融合的实践启示；第三章为 VR 技术在教育领域的应用，分别从 VR 技术在教育领域应用的历史必然性、VR 技术在教育领域的应用现状及对策、VR 教学资源的开发现状与应用评价三个方面展开介绍；第四章为 VR 技术在数字校园的应用，主要介绍了三个方面的内容，依次是虚拟校园三维场景构建与漫游导航的实现、VRML 虚拟图书馆的构建与优化浏览、网络安全虚拟实验室；第五章为新技术与 VR 技术融合教学实践，主要从基于人工智能的 VR 教学在高校英语教学中的应用、基于大数据与云计算的 VR 实验平台应用设计、基于"BIM+VR"技术的钢结构桥梁教学实践、运用"5G+VR"技术打造工程实践教学新模式四个方面展开介绍。

在撰写本书的过程中，作者参考了大量的学术文献，得到了许多专家学者的帮助，在此表示真诚感谢。由于作者水平有限，书中难免有疏漏之处，希望广大读者指正。

路淑芳

2024 年 1 月

# 目录

# 第一章　VR 技术概述

　　虚拟现实（Virtual Reality，简称 VR）是一种先进的计算机仿真技术，旨在通过创建虚拟环境为用户提供各种感官上的体验。通过计算机生成的三维动态视景和实体行为的仿真系统，该技术满足了用户的沉浸式体验需求。本章为 VR 技术概述，分别从 VR 技术的内涵及发展、VR 技术的交互及对比、VR 技术的分类及构成三个方面展开介绍。

# 第一节 VR 技术的内涵及发展

技术改变了人们生活的世界，改变了人们的认知模式以及与他人互动的方式，如 VR、人工智能（AI）、遗传学和纳米技术等新兴技术给人类的生活带来更大的变化。

## 一、VR 技术的概念与内涵

### （一）VR 技术的概念

VR 是 20 世纪末兴起的一门融合了多个领域的新兴技术。VR 技术使人们能够模拟现实世界或构建人们想象中的世界，并提供超越现实世界的诸多优势。在虚拟世界中，用户可以摆脱空间的束缚，不再被物理距离限制，能够在安全的环境下体验一些具有危险性的实验过程，如化学中的爆炸试验等。借助计算机技术构建的虚拟情境，用户可以自由观察和参与情境中的各种活动，通过实时有效的人机交互最终获得身临其境的真实感受。

经过对文献的梳理可知，虚拟现实的定义可以分为狭义和广义两种。狭义的定义将 VR 视为一种智能人机接口，在虚拟环境中，用户可以用真实世界中的感知方式感受计算机生成的虚拟现实世界，得到和真实世界中一致的感受，用户可以通过视觉、听觉、触觉、嗅觉等感官通道看到彩色的、立体的虚拟景象，听到虚拟环境中的立体声音，感觉到虚拟环境反馈的作用力，甚至闻到虚拟环境中的气味。而广义的定义则认为，VR 是对虚拟想象或真实世界的模拟，它不仅是一种人机界面，更是对虚拟世界内部的模拟，在对特定场景的真实再现中，用户通过自然方式接收虚拟环境中的各种感官刺激并加以响应，与虚拟场景中的事物发生交互，从而产生身临其境的感觉。

我们可以将 VR 定义为由以计算机技术为核心的现代科技手段和特殊的输入、输出设备共同构建的逼真的虚拟情境。这个虚拟出来的情境既可以是对现实世界的模拟，也可以是体验者独创的情境。在构建的虚拟情境中，用户可以像在自然世界中一样沉浸其中，并借助视觉、听觉、触觉、嗅觉等多感官通道实现自由、主动的交互，从而得到身临其境的感受。

### （二）VR 技术的内涵

VR 用户可以在虚拟的情境中进行体验。VR 中的"V"是"虚拟（Virtual）"的英文首字母，指展现在用户面前的情境是由计算机系统构建的，是虚构的场景；"R"则是"现实（Reality）"的英文首字母，指将计算机构建的虚拟内容逼真地展现在用户面前，为其带来身临其境般的体验。

在 VR 开发的早期，用户主要通过头戴式护目镜和有线装备与虚拟环境（VE）进行观察和交互。通过技术创新，可穿戴式 VR 设备逐渐变得更小且更易于携带。时至今日，VR 技术被视为硬件和软件的集合体，包括个人计算机、头戴式显示器、追踪传感器和其他组件，以及提供沉浸式体验的软件。就本质而言，VR 通过计算机创建虚拟的情境来提供近似现实的感知，因此，VR 也被很多人视为在大脑中生成的虚拟情境所带来的体验。

20 世纪 60 年代初，科学家着手研究 VR 技术，他们利用计算机来构建一种逼真的虚拟环境，让人们可以沉浸其中与情境进行实时交互，以产生亲临真实环境的感受和体验，所构建的虚拟情境具有强烈的沉浸感，能够改变人与计算机之间枯燥、生硬和被动的互动现状，使人们沉醉其中，流连忘返。虽然在虚拟的情境中对象是虚构的，但用户却觉得像置身于真实的世界一样。

## 二、VR 的背景与意义

### （一）VR 产生的背景

VR 技术起源于美国。1965 年，伊凡·苏泽兰教授在国际信息处理联合会（IFIP）的会议上做了题为《终极的显示》的演讲，其中首次提出了虚拟现实系统的概念，包括交互图形显示、反馈设备和声音提示，这就是现代所熟悉的 VR。伊凡·苏泽兰教授的"达摩克利斯之剑"系统中展示的三维立体显示技术，标志

VR 技术研究的初步发展。20 世纪 90 年代，VR 技术进入快速发展阶段，然而，此时的研究成果大多只能称为"演示"或者"玩具"，离真正的 VR 还相差甚远。进入 21 世纪，随着计算机软硬件的发展，VR 整合了 XML 和 JAVA 等高端技术，与此同时利用强大的 3D 计算能力和交互式技术，显著提升了渲染质量和传输速度，VR 技术进入新的发展阶段。随着经济和社会生产力的不断发展，VR 技术逐渐进入人们的日常生活，在各个领域得到了广泛的应用，例如在贴近人们生活的电影、电视、游戏等领域，VR 技术取得了巨大的成功。

互联网的快速发展使人与人的交流发生了翻天覆地的变化。一方面，VR 技术得到了新的发展契机，特别是在教育和培训领域，VR 创建的三维虚拟环境打破了时空的限制，为用户提供了接近真实的体验。作为一种基于计算机技术的现代高科技手段，VR 技术已被认为是 21 世纪重要的学科，对人们的学习和生活产生了显著的影响。

2008 年，美国国家工程院（National Academy of Engineering, NAE）发布了一份题为"21 世纪工程学面临的 14 项重大挑战"的报告，其中包括 VR 技术。VR 与新能源、洁净水、新药物等一同成为重点发展领域。为了把握 VR 技术的发展机遇，美国、英国等国家的一些大型企业都在该领域投入了巨额研发资金。到了 2017 年，我国国内很多公司认识到 VR 的巨大市场价值，开始布局 VR 产品。各大电视厂商和手机厂商纷纷宣布与 VR 企业进行合作，力图做大 VR 市场。例如，乐视与 3Glasses、蚁视与灵境、联想与 VR 眼镜盒子等通过强强联合共同拓展 VR 市场。就此，VR 开始真正蓬勃发展。

2019 年 10 月 19 日，由工业和信息化部、江西省人民政府联合主办的 2019 世界 VR 产业大会在南昌隆重开幕。"当前，以数字技术和生命科学为代表的新一轮科技革命和产业变革日新月异，VR 是其中最为活跃的前沿领域之一，呈现出技术发展协同性强、产品应用范围广、产业发展潜力大的鲜明特点。"在世界 VR 产业大会的开幕式上，工业和信息化部前部长苗圩在致辞中强调了一场正在酝酿中的科技革命和产业变革。他指出，以 5G、AI 及 VR 为代表的新一代技术正在与制造业深度融合，已成为推动中国经济转向高质量发展的核心驱动力。

2023 年 10 月 19 日，世界 VR 产业大会公布了"2023 中国 VR50 强企业"榜单，这是 VR 产业联盟连续五年发布此榜单。从企业的地理分布来看，北京持续在全国范围内保持领先地位，江西、深圳与上海紧随其后，形成了国内的主要竞争群体。

### （二）VR 应用于教育的意义

科技进步无疑深刻地改变了人类生活，并在教育领域引发了革命性的变革，不断推动教学方式与教学工具的创新升级。VR 技术作为尖端科技中的一员，其在辅助教学方面的多元潜能得到了全球教育界的密切关注。早在 20 世纪 90 年代初，尽管 VR 技术涉足教育领域，但受限于当时计算机技术水平，未能引起社会广泛而深入的关注。然而步入 21 世纪，伴随硬件技术的日新月异，VR 教育进入了崭新的发展阶段。世界各国对此积极响应，纷纷启动相关研究计划，以挖掘 VR 在教育中的巨大潜力。例如，2009 年，澳大利亚与新西兰联手成立了虚拟世界工作组，专注于研究如何利用 VR 技术实现个体在虚拟空间内的教育与成长。同时，美国林登实验室推出的 Second Life 项目也在高等教育领域引领了一场虚拟实践浪潮，该项目旨在创建一个用户可在其中开展教学活动及学术研究的虚拟环境。到目前为止，英国大约 80% 的高校在实际教学中已采用或计划采用 Second Life 平台，美国也有超过 150 所高校在此平台上构建了自己的教学与研究虚拟场景，充分展现了 VR 技术对传统教育模式的深远影响。

VR 技术在教育领域中的应用具有划时代的意义。VR 学习环境为学生提供了全新的、富有吸引力的学习体验。第一，VR 技术的关键优势在于它能够构建近乎真实的虚拟环境，使抽象概念具象化，让学习过程更具沉浸感。学生在这种环境中不仅能直观地理解复杂的理论知识，还能通过模拟实践操作，加深对学科内容的理解与记忆。第二，个性化学习方面，VR 技术可根据每个学生的学习能力和兴趣定制不同的学习路径和任务，从而实现真正的因材施教，满足不同学生的学习需求。第三，结合游戏化元素后，VR 学习环境能够有效激发学生的学习热情和内在动力，把原本可能乏味的学习过程转变为富有挑战性和乐趣的游戏体验，有利于长期保持学生的学习积极性。第四，相较于传统视频课堂的单向传播方式，VR 在线课堂赋予了学生更多主动权和参与感。学生能够在虚拟环境中自由探索，与其他同学或教师进行实时互动交流，这大大增加了教学过程中的即时反馈和协作学习的机会，有力地推动了学生从被动接受转向主动建构知识的过程，提升了学习成效。如今，VR 技术已被广泛应用于医学、航天训练以及建筑设计等课程。VR 技术作为一种教学媒体在引入教学时，用户（主要指教师）应将其视为学习过程中的补充工具。借助 VR 设备，教师可以将抽象知识进行可视化并以 3D 的效果呈现给学习者。在这种引人入胜和身临其境的互动过程中，学习者更有可能拥有愉快而现实的学习体验。

## 三、VR 的特征与发展

### （一）VR 技术的特征

#### 1. 沉浸性

VR 技术的沉浸性又称浸没感、临场感、存在感或投入感，它关乎用户在使用该技术时对虚拟环境的真实感知及融入程度。不同于传统二维媒介所提供的有限观览体验，VR 技术构筑的是一个全方位、立体的三维空间，其中的视觉信息和声音效果都按照三维空间规则被精心模拟和呈现。在二维环境中，用户是以旁观者的角度在一个平面上观察模拟世界；在虚拟现实中，用户则通过高度仿真的手段被置入一个由计算机程序建构的模拟世界中，尽管这个世界并非实体存在，但它遵循现实世界的物理法则和逻辑，力求给用户带来无异于现实的感受。要获得卓越的沉浸感，离不开尖端的人机交互设备的支持。例如，通过头戴式显示器，VR 系统能够捕捉用户的头部动作，即时调整虚拟场景以匹配用户的视野变化，形成随动式视觉体验。同时，高保真立体声音效可模拟实际空间中的声音传播特性，使用户能够根据声音定位虚拟物体。此外，交互设备如数据手套，进一步强化了沉浸式体验的深度，让用户从被动观察跃升至主动操作。用户能够在虚拟世界中直接抓取、移动物体，这些物体还会根据手部动作做出相应反应。更高级别的 VR 应用甚至可以整合触觉、力度乃至气味反馈技术，致力于覆盖五感体验，使用户能够全方位感知并参与到这一恍若真实的虚拟天地之中。用户在虚拟环境中感受各种对象的相互作用。最佳的虚拟情境能够使用户全方位地沉浸其中，以达到使其难以分辨真假的程度，从而为用户带来身临其境的感受。

2. 交互性

VR 技术的交互性体现在用户对模拟环境中物体的操控精细度及获取信息反馈的自然性上。在高级别的 VR 技术应用场景中，用户能够通过手部触觉实时感知并操纵虚拟物体，强化其存在感，使物体随着手部移动而同步变换位置，这种高交互性极大提升了用户在虚拟世界的真实体验，实现超越现实的操作可能。比如，在虚拟驾驶系统中，用户可全面掌控方向、换挡、刹车乃至座椅调节等功能，系统能迅速给予相应反馈。在复杂地形行驶时，用户能体验到车身颠簸与自身晃动；在起伏路途中，感受惯性作用；在黑暗环境下，接受视线受限的挑战。系统依据用户个性化需求，持续动态模拟场景的时空特性，营造多维度沉浸式体验空间。交互性能是评判虚拟系统价值的核心标准。在虚拟现实中，人机交互已近乎自然形态，用户不仅能借助键盘、鼠标互动，还可利用特制头盔、数据手套等传感装置进行深度交互。用户不再是单纯接受体验，而是能主动以自身动作影响体验内容，计算机据此解析用户的头部动作、手势、眼神、语音和身体姿态，实时调整系统呈现的视觉与听觉效果，赋予用户以感官、语言及肢体动作探索或操作虚拟环境中的目标的能力。

3. 构想性

VR 技术以其独特的构想性闻名，能够提供无限的想象空间。它不仅能精确地再现已存在的环境，而且能构建在现实中从未出现甚至根本不可能存在的场景。这一技术的想象力和创新能力使其不只是简单地模拟现实世界，而是能够创造出完全超越现实的新境界。人们可以利用这项技术探索和思考那些在现实世界中无法找到的事物，利用虚拟环境中的多维信息，用户可以通过自身的感知和认知能力主动获取知识，发挥个人的主观能动性，从而极大地拓展和加深人类的认知边界和思维深度。在实际应用方面，VR 技术展现出其独特的优势。它能在完全不占用任何土地的情况下，以极低的成本进行环境设计和改动的展示。特别是在涉及广阔区域和复杂细节的大规模景观规划设计中，VR 技术可以细致地模拟地形地貌、建筑结构、设施布局及地区文化等要素，极大地减少了季节变化、文化地域差异或生活习惯不同造成的不可逆的设计错误。此外，虚拟现实在探索和展示那些未知或无法再现的世界方面具有较大优势，从宇宙空间的广袤无垠到原子世界的微观动态，VR 技术都能提供一种全新的视角和体验。随着技术的不断进步，VR 技术正在逐步与 AI 以及其他相关技术领域融合，这种融合正在推动 VR 技术的建模从基础的几何和物理模型向更加复杂的生理、行为和智能建模转变。这不仅提升了模型的精确度和交互性，也为 VR 技术带来诸多创新的交互技术和设备，如光影全息显示技术、实时语音翻译以及模拟触觉、温湿感多感官交互系统。这些创新不仅拓展了虚拟现实技术的应用范围，而且预示着其在未来各行各业的广泛应用和深远影响。

### （二）VR 技术的发展阶段

随着 VR 技术的发展，其研究范围和应用范围不断扩大。许多国家都在致力于研究和提升 VR 技术的应用能力。VR 技术之所以引起研究的浪潮，重点在于它的有效性和广阔的发展空间。作为 21 世纪最重要的技术之一，VR 技术的发展将对世界更多的领域产生重大影响。VR 技术从起源逐渐发展到应用共经历了四个阶段。

VR 技术第一阶段是起源阶段。1962 年，由美国的莫顿·海利希发明的 Sensorama 模拟器标志着 VR 技术的诞生。该模拟器是早期的虚拟视频现实技术，它使用户得以观赏纽约夜晚的街道景观。

之后，VR 技术逐渐迈入第二阶段，即萌芽阶段，这一阶段重要的标志为伊凡·苏泽兰研制的头戴式显示器的问世。在随后的 30 年里，虚拟现实相关的软件和硬件经历了广泛的开发和改进，这得益于美国在新型数字模拟器开发方面的积极努力，特别是首个虚拟现实系统由美国航天局的科学家所开发。该系统的出现标志着 VR 技术正式面向市场，为后期的发展及完善奠定基础。

随着技术的发展，VR 技术进入了第三阶段——初步阶段。这一阶段的重要标志为 VIDEOPLACE 系统以及 VIEW 系统的开发应用，人们应用该系统能构建出虚拟环境。

VR 技术在工业领域中的应用是 VR 技术进入第四阶段的主要标志。弗雷德里克·布鲁克斯教授结合自身的实践经验与美国国家航空航天局及其他机构合作，在美国国家科学基金会的资助下进行了工业 VR 应用的研究。弗雷德里克·布鲁克斯在其研究报告中强调，VR 技术的研究已在工业界与学术界之间展开，其目的是共同推动 VR 技术的创新及其工业应用的知识构建。这些努力已有效促进 VR 技术在多个行业中的应用，满足了多样化的用户需求。调查结果显示，VR 技术已经在医学、航空、科研及军事等领域中广泛应用。

## （三）VR 技术的研究现状

一些大型的 VR 技术研究机构正引领着 VR 技术在全球的发展，并对认知、用户界面、后台软件和硬件方面进行了广泛的研究。20 世纪 80 年代初，美国的一些实验室创建了虚拟研究项目的光学环境，并随后建立了虚拟界面环境的运营机构。在这个阶段，美国的 VR 技术已在航空、卫星等领域得到应用。研究机构开展了对虚拟行星探索的研究项目，这项研究工作主要通过虚拟技术对遥远的行星进行研究。在航空领域，美国波音公司使用 VR 技术进行基础设计，设计师在虚拟环境中进行无纸化的设计，从而大大减少了设计处理的流程。除此之外，美国还在军事领域开展虚拟战场环境和各种形式的模拟训练，以提高作战能力和军事水平。

在 VR 的浪潮之下，欧洲众多知名企业投身 VR 产业之中，有超过 120 家 VR 技术相关公司从应用、内容、工具、平台以及硬件等方向开展研究，占据了欧洲整个 VR 产业的半壁江山。其中以英国的贡献最为显著，例如 DVS 系统试图将一些 VR 技术在各领域实际应用中进行标准化，实现不同的操作模型与编辑语言的一一对应。

我国对 VR 技术的研究始于 20 世纪 80 年代中期。鉴于该技术的广泛应用前景，研究人员已将研究重心聚焦于国家重点研究项目上。随着计算机等高新技术的迅速发展，VR 技术在国内获得了广泛关注，研究的广度和深度不断扩展。当前，科学技术委员会与国防部已将 VR 技术定为核心研究项目之一，主要研究机构和高校正在积极参与相关研究，并取得了显著成果。例如，北京航空航天大学作为我国最早参与 VR 技术研究与开发的高等学府，主要开展 VR 三维数据库和虚拟环境等方面的动态分配数据技术的研究工作。国内多所高校在立体显示技术、图像合成及压缩编码技术等关键领域已取得显著成果，其中计算机动画制作技术的应用显著体现了这些成就。

在 VR 技术快速发展的过程中，硬件设备已逐渐趋于成熟，应用内容也在慢慢成为"新蓝海"。各大互联网企业、硬件厂商都纷纷通过投资、并购、收购等方式进入 VR 行业，2014 年，（原）Facebook 公司收购了 Oculus 的 Rift 头盔，迎来了虚拟现实头盔的史上最低价，掀起了 VR 的商业普及浪潮。之后，一些厂商也开始进行 VR 产业链的布局，以中国互联网三巨头（BAT）为首的 VR 市场初见雏形，这使 2016 年被人们称为中国 VR 技术元年。

### （四）VR 技术的未来趋势

VR 技术已在众多领域广泛应用，尤其在教育、建筑、娱乐和影视产业中展现出强劲的发展势头。例如，在教育方面，谷歌推出的"远征"系统运用 VR 技术，让偏远地区的学生能够亲历全球各类实景。在建筑行业，房地产企业采用 VR 技术向潜在购房者展示房屋三维模型和设计方案，购房者通过 VR 头盔即可实现沉浸式体验，真切感受空间布局。医学领域广泛将 VR 技术用于疾病诊疗、康复训练及数据三维可视化。例如，针对恐高症和肌肉紧张等问题，医生可以将病患数据导入 VR 系统，患者佩戴 VR 头盔后，能全方位观察自身内部情况；医生利用 VR 技术可精确把握肿瘤尺寸及其所在位置，有助于制定更为精准的手术方案。

在未来，VR 技术的应用领域将会进一步扩大，而决定这一发展趋势的是 VR 技术硬件和软件的进一步发展。

首先，VR 全景内容将更加充实。Omnivirt 公司的研究报告指出，VR 技术的发展在近几年更加侧重全景内容的展示，其参与度已经超过了普通的显示内容，内容质量也在逐渐提升。目前，开发 VR 技术的公司也更加侧重全景设备和应用的开发，也成为 VR 技术未来发展的重要趋势。

其次，VR 技术的开发者全面崛起。在未来，VR 技术对人才的需求会不断增加，许多科技公司也开始进行 VR 技术相关应用和内容的开发工作。

再次，VR 平台的沉浸感全面提升。对于 VR 技术而言，最重要的事情就是如何将虚拟环境做到更加逼真。目前，VR 设备已经可以做到 360° 全景播放，为用户带来更为真实的感受。与此同时，VR 设备还加强了触觉的体验，让用户更进一步感受到身临其境的沉浸式体验。

最后，VR 产品的成本降低且实用性增强。虚拟现实设备未能完全普及的一大主要原因便是价格昂贵，但在 2017 年，HTC 公司与 Oculus 公司将 VR 产品价格下调了 200 美元。在未来，VR 技术的相关产品价格将会进一步降低，VR 产品将变得更加普及，最终走入千家万户。

## 第二节　VR 技术的交互及对比

### 一、VR 技术的交互

VR 交互定义为用户在虚拟环境中与其他对象或物体进行互动，如用户与虚拟角色之间的动作模仿，形成有效的双向互动。

VR 技术与传统 3D 技术的根本区别在于是否能够与用户实现有效的交互功能。因此，交互性被认为是虚拟现实最为关键的特点之一。尽管缺乏交互功能的 3D 技术也能为用户带来一定程度的沉浸感，但它不是真正意义上的 VR。VR 技术的目的是构建一个虚拟的情境，让用户获得身临其境般的体验，如果不能实现

交互，那么用户在这个构建的虚拟情境中的存在感是非常弱的。因此，交互是
VR 技术的灵魂。

学者乔纳森·斯蒂尔在其论文《虚拟现实：决定沉浸感的维度》中指出，VR
的交互主要依靠三个要素来实现：速度、范围和映射。速度是计算机将用户的动
作传入计算机模型中的频率，范围是用户任意行为可能产生的不同结果的数量，
映射则是 VR 系统根据用户的行为产生自然结果的能力。

导航是一种典型的交互形式，用来帮助用户在虚拟的环境中自主选择行动方
向。然而作为一种基础的交互元素，导航只能给用户带来有限的沉浸体验。用户
在这种虚拟情境中体验的时间一长就会感觉索然无趣。因此，真正意义上的 VR
交互除了导航之外，还应该能够对用户的行为作出即时合理的反应。例如，虚拟
情境中的动物，在用户伸手触摸时会做出躲避等动作。

VR 的交互可以为用户带来完美的沉浸体验，但也应根据不同的内容设定合
理的交互水平。例如，将 VR 技术应用于教学时，其目的是激发学生的探究兴趣，
集中学生的注意力，以将知识更有效地传输给他们。此时，过度的 VR 交互容易
分散学生的注意力而起到适得其反的效果。目前在课堂上使用的 VR 平台，大部
分是学生以小组为单位进行观察和实践的，学生之间的空间距离较近，如果使用
过于复杂的动作和手势进行交互，则有可能会相互造成干扰而影响学习效果。因
此，VR 在教学领域的应用适合采用较弱的交互方式。

## 二、VR 技术与其他技术的对比

### （一）增强现实（AR）技术与 VR 技术

#### 1.AR 与 VR 的联系

AR 技术在 VR 的基础上发展而来，通过计算机图形学与可视化技术，实现
真实世界信息与虚拟世界信息的无缝集成。此技术将计算机生成的虚拟对象、场
景或提示信息叠加到真实环境中，以此实现虚拟与现实的融合，为用户提供栩栩
如生的感官体验。其基本原理包括使用摄像机捕捉真实环境，并依据被指摄对象

的位置、属性和视角，通过特定算法实时地覆盖相应的虚拟对象和信息，从而增强人体对虚拟信息的感知。例如，将移动终端摄像头对准商场的货架，终端显示屏就会在当前画面上叠加该货架上产品的对应价格及优惠信息。AR 通过将虚拟信息叠加到真实世界中，不仅展现了真实世界的信息，而且将虚拟的信息同时显示出来，两种信息相互补充、相互叠加，被人类感官所感知，从而达到超越现实的感官体验。

AR 技术连接了真实世界与虚拟世界，展示了两个核心特性。第一，此技术通过使虚拟对象与真实环境融合，实现了真实世界与虚拟物体的共存。第二，AR 技术能够实现虚拟世界与真实世界的实时同步与自然交互，允许用户在实际环境中真实地体验虚拟世界的模拟对象，进而提升了体验的趣味性与互动性。

自 20 世纪 70 年代以来，科技界和工业界对 AR 技术展开了大量的研究实践，并在尖端武器和飞行器的研发、教育与培训、娱乐与艺术等领域取得了一定的成果。随着手机、平板电脑等移动智能终端和移动互联网的快速发展，AR 技术进入了发展的快车道，AR 技术领域的应用软件和终端产品逐渐被大众了解并陆续进入消费市场。

AR 技术的进步得益于 VR 技术的发展。尽管二者紧密相关，但是它们之间存在明显的差异。VR 通过计算机生成可交互的三维环境，给予用户一种在虚拟世界中完全沉浸的效果，是另外创造一个世界。AR 则是在真实环境的基础上，将虚拟的场景、对象等叠加在现实环境中，利用同一个画面进行呈现，增强了用户对现实世界的感知。

2.VR 技术与 AR 技术的区别

VR 技术与 AR 技术的区别主要体现在以下三个方面：

（1）用户体验不同

VR 技术专注于用户在一个完全沉浸的虚拟环境中的感官体验，与现实世界隔绝，用户完全置身于计算机设备构建的虚拟情境中。与此相对，AR 技术并未隔绝周围的真实环境，还强调在保持真实环境的同时，维持感官体验的连贯性。

因为用户体验的不同，VR 技术和 AR 技术的应用领域和场景也有所区别。

（2）核心技术的侧重不同

VR 技术主要关注虚拟情境能否给用户提供优良体验，核心技术基于计算机图形图像学、计算机视觉和运动跟踪等。AR 技术则强调在真实环境的基础上叠加虚拟对象。因此，除了 VR 所用到的技术，AR 技术还需要对虚拟对象与真实物体进行校准，以保证虚拟对象可以无缝地被叠加在真实环境中，其中最关键的技术是跟踪技术。

（3）终端设备不同

VR 技术需要使用能够将用户视觉与真实环境阻隔的终端设备，一般采用浸入式头盔显示器。而 AR 技术实现真实环境与虚拟场景的结合，没有完全浸入的要求，配备摄像头或者视觉采集模块的设备都可以成为增强现实的终端，包括个人计算机、手机、增强现实眼镜等。

### （二）MR 技术与 VR 技术

#### 1.MR 技术与 VR 技术的联系

MR 技术作为 VR 技术的进化版，巧妙地将虚拟内容无缝嵌入现实环境之中，创建了一个现实世界、虚拟世界与用户交互响应的闭环体系，旨在提升用户对虚拟内容的沉浸式感知和真实体验。这项技术整合了 VR 与 AR 的优点，进一步强化了 AR 技术所创造的体验效果。按照史蒂夫·曼恩的观点，智能硬件的发展趋势是从传统的 AR 技术逐步转向更加先进的 MR 技术。不同于仅在现实视野中叠加虚拟内容的 AR 技术，MR 技术利用摄像头等设备揭示肉眼不可见的现实信息，并与虚拟元素深度融合。理论上，MR 与 AR 虽都涉及现实与虚拟影像的合并，但混合现实更进一步。

#### 2.MR 技术与 VR 技术的区别

（1）定义不同

MR 是将虚拟的物体或信息与现实世界进行融合，使用户可以在现实场景中看到虚拟物体或信息；VR 则是将用户完全置于虚拟的环境中，使用户感觉自己置身于一个完全虚拟的场景中。

（2）交互方式不同

MR 通常使用传感器技术、计算机视觉技术等手段，通过手势、语音、触摸等方式与虚拟物体进行交互；VR 通常使用头戴式显示器、手柄等设备，通过用户的头部动作、手部动作等方式与虚拟环境进行交互。

（3）应用场景不同

MR 通常应用于现实场景中，例如教育、医疗、娱乐、工业等领域；VR 通常应用于虚拟环境中，例如游戏、模拟演练、虚拟现实旅游等领域。

（4）技术实现方式不同

MR 需要将虚拟物体与现实场景进行融合，依赖计算机视觉、传感器技术等技术手段；VR 需要将用户完全置于虚拟的环境中，依赖虚拟现实设备、虚拟环境模拟技术等技术手段。

## （三）AI 技术与 VR 技术

AI 是一门在计算机科学领域中不断探索和实现模仿、增强及扩展人类智能的新兴技术科学。这一学科旨在通过深入分析智能的本质，开发出能够模仿人类智能反应的机器。其研究范畴包括机器人技术、语言识别、图像识别、自然语言处理及专家系统等多个领域。AI 研究的目标是机器视、听、触、感觉及思维方式对人的模拟，包括指纹识别、人脸识别、视网膜识别、虹膜识别、掌纹识别、专家系统、智能搜索、定理证明、逻辑推理、博弈、信息感应与辩证处理等。关于 AI，谷歌开发的阿尔法围棋为人们所熟知。它由谷歌旗下 DeepMind 公司的戴密斯·哈萨比斯团队开发。阿尔法围棋在 2016 年 3 月与职业棋手李世石进行了人机大战，最终以 4：1 的比分大获全胜。它并不是采用传统的通过穷举计算的方法，而是通过深度学习使系统获得了类似人类棋手的思考能力，并借此来击败对手。这也说明 AI 已经在高速发展中。

1.AI 和 VR 的联系

AI 和 VR 有什么联系呢？简单来说，前者是一个创造接受感知的世界，后者是一个创造被感知的环境。VR 设备具有感知和交互功能及可穿戴特性，因此可以对个人信息进行更完备的追踪、记录。这主要体现在两个维度：一个是时间维度，VR 利用可穿戴设备，可以实现对用户信息长时间的连续追踪记录；另一个是追踪记录个人信息的维度将变得更丰富，使用者的所有行为信息、消费信息都能被追踪和记录。这些多维度的连续信息，让用户大数据变得更"大"。通过对这些信息的充分分析和利用，系统可以帮助用户更好地进行体验 VR 内容。随着可用于训练的数据的积累以及相关算法的进步，近年来 AI 取得了巨大的突破。VR 让数据量进一步激增，数据维度进一步丰富和完善，这将直接推动 AI 的深入发展，届时 VR 与 AI 必将深度融合。

AI 使虚拟场景变得真正智能起来。虚拟现实内容不再根据预先设定的情节推进，而是根据用户的行为和意图，智能地按照用户的想法循序展开。虚拟现实内容中的各种对象不再根据预先设计好的方式机械地作出回应，它们都会被赋予独特的智慧和个性，根据用户的意图，智能地调整它们作出的回应。虚拟世界将真正地"活"起来。虚拟世界变得真实，能够给用户提供真正的沉浸感、交互性和构想性体验。

虚拟智能助手将会出现并成为人们最常用的工具之一，人们的生活将变得更智能。相对于语音助手类的应用，虚拟智能助手将更加智能，它能独立思考并独立做出判断。它通过综合分析用户在虚拟世界和现实世界中的各种信息，辅助用户思考和决策，并通过 VR 技术展现在用户面前。同时，虚拟现实场景建模技术会从目前以几何、物理建模为主向以几何、物理、生理、行为、智能建模方向发展。

2.AI 技术和 VR 技术的区别

（1）应用范围的不同

AI 的应用范围非常广泛，可被用于数据分析、语音识别、图像处理等多个领域。AI 主要服务于实体世界，通过对数据的处理和分析，为人们提供更方便、智能的服务。而 VR 则能构建一种虚拟的互动空间，与用户进行互动，提供沉浸感和娱乐体验。

（2）技术原理的差异

AI 的核心是模拟人类的智能和思维过程，通过机器学习和深度学习等技术手段，让机器具备类似人类的智能行为。而 VR 技术原理则主要集中在虚拟现实环境的搭建和设计互动体验，通过模拟现实场景和人机交互，营造出一种虚拟的互动氛围。

（3）应用领域的差异

AI 应用广泛，VR 以娱乐为主。AI 的应用领域非常广泛，可以应用于医疗、金融、交通等各个行业，为其提供智能分析、决策支持等服务。VR 主要通过 VR 技术为用户提供游戏、影视等虚拟情境体验。

（4）交互方式的差异

AI 语音交互，VR 身临其境。AI 的交互方式主要是通过语音识别和自然语言处理等技术，用户可以通过声音和机器进行交流。VR 可以让用户身临其境地参与到虚拟世界中，与虚拟角色进行互动。

（5）发展前景的不同

AI 助力智能化，VR 提供沉浸式体验。AI 在各个领域都有着广阔的发展前景，可以为人们的生活、工作带来更多的便利和智能化。VR 则主要通过提供沉浸式的虚拟体验，为用户带来更加丰富的学习和娱乐生活。

## 第三节　VR 技术的分类及构成

### 一、VR 技术的分类

#### （一）按照浸入性和交互性划分

VR 系统基于其沉浸性和交互性的差异，大致可以划分为三个层级：非沉浸式（Non-Immersive）、半沉浸式（Semi-Immersive）和全沉浸式（Fully-

Immersive）。非沉浸式虚拟现实系统依赖常见的桌面计算机平台，用户通过屏幕和传统输入设备（如鼠标、键盘）与虚拟环境交互，这类系统并不提供高度的感官隔离和立体视觉效果，因此常被称为桌面虚拟现实，用户对虚拟世界的投入度相对较低。半沉浸式虚拟现实系统是对非沉浸式的一种提升，它以桌面计算机为基础的同时，增加了空间跟踪技术和大屏幕或多屏幕显示系统，有时还会配合立体眼镜，以便提供一定程度的环绕视觉体验。尽管用户并未完全置身于一个封闭的虚拟空间中，但通过头部追踪等手段，用户在视觉上的沉浸感得到了增强。全沉浸式虚拟现实系统为了创造出最高级别的沉浸体验，要求用户穿戴专门的头戴式显示器（如 VR 头盔）和其他传感器装备，如数据手套、全身运动捕捉系统等。这些设备使用户视觉、听觉甚至触觉等感官都能够沉浸在虚拟世界中，实现更为自然和直接的交互，仿佛置身于另一个平行的三维空间中。

## （二）按照功能划分

VR 系统按使用功能划分可分为简易型 VR 和沉浸型 VR 两种类型。简易型 VR 按实现方式又可以分为基于照片的 VR 技术和基于三维建模的 VR 技术。基于照片的 VR 技术分为全景、物体和场景三种，在实际中可灵活应用。它的优点是实地拍摄，有真实感，照片的获取较简单、浏览流畅；缺点是交互性有限。基于三维建模的 VR 技术主要分为两类：一类是以虚拟现实建模语言（VRML）为代表的，主要用于虚拟空间场景的技术；另一类则着重于 3D 物体的再现，代表技术是 Cult3D。建造三维模型较复杂，需要使用者有一定的三维软件应用基础，且真实感差，它的缺点是带宽有限，优点是交互度高。

## （三）按照形式与沉浸程度划分

根据用户使用的 VR 平台的形式、交互的程度差异以及沉浸程度的高低，VR 还可分为桌面式 VR 系统、沉浸式 VR 系统、增强式 VR 系统和分布式 VR 系统四种，这也是使用最多的一种分类方式。

### 1. 桌面式 VR 系统

桌面式 VR 系统又称简易型 VR 系统、窗口 VR 系统，利用个人计算机等设备实现与虚拟世界交互。它基本上由一套普通的计算机系统组成，以计算机的屏幕作为用户观察虚拟环境的一个窗口，用户其实就是使用个人计算机进行仿真。用户使用普通的计算机，在一些专业软件的帮助下，通过键盘、鼠标与虚拟环境进行交互，就能真实地感受到所虚拟的情景，用户可以在仿真过程中设计各种环境。这一套经济实用的系统，因其结构简单、价格低廉的特点，易于市场普及推广，但由于易受到周围现实环境的干扰，参与者沉浸程度低，体验不够真实。桌面 VR 系统的代表技术包括桌面三维虚拟技术、基于静态图像的 QuickTime VR 和 VRML 等。

### 2. 沉浸式 VR 系统

沉浸式 VR 系统作为一种高端复杂的先进技术，堪称理想的虚拟实境载体。该系统致力于提供极致深度的沉浸式体验，犹如将用户传送至另一个维度的空间中。通过配备头戴式显示器以及其他多感官接口装置，系统有效地遮断了用户的实际视觉、听觉乃至于其他感官，进而构造出一个崭新的感知宇宙，确保用户能够在主观感受上如同置于一个精心设计的虚拟世界之内。与此同时，为了满足多人共同体验的需求，沉浸式 VR 系统还使用投影仪和液晶式电子屏幕搭建出洞穴般的结构，让用户佩戴 3D 眼镜，置身其中进行虚拟体验。这种沉浸式 VR 系统的优点是用户可以完全沉浸到虚拟世界中去，缺点则是虚拟设备，尤其搭建平台的硬件价格相对较高，因此难以大规模普及推广。常见的沉浸式 VR 系统有基于头戴式显示器的 VR 系统和基于电子屏幕的 VR 系统等。

### 3. 增强式 VR 系统

VR 系统巧妙地将真实环境与数字化虚拟内容相融合。在这样的系统框架下，用户视野中同时包含真实的周围环境和叠加其上的虚拟元素。它的设计特点在于运用增强式技术强化了用户对实际环境的认知与交互，放大了那些在日常现实中难以察觉或者无法实现的体验。增强式技术降低了模拟复杂现实环境所需的大量计算资源，同时支持用户直接与实体物体互动，真正意义上达成了现实与虚拟世界的无缝衔接与互动交融。

4. 分布式虚拟现实系统

分布式虚拟现实系统（Distributed Virtual Reality，DVR）是 VR 技术与通信网络技术紧密结合的结果，建立在网络化的多用户基础上，允许多个参与者同时接入并在同一个连贯的虚拟世界内展开观察、交流与合作活动。这一系统也被视为一种集体共享的 VR 环境。其核心技术依托于沉浸式 VR 系统，并通过远程网络通信手段，将地理位置分散的用户彼此关联，实现他们对同一虚拟空间的并发访问和互动操作。各用户在网络中既能共同观测同一虚拟景象，又能实时进行对虚拟对象的操作与交互，从而实现高效的协同作业与共享虚拟体验。这种 VR 技术将虚拟现实系统和应用提升到了一个更高的境界。分布式虚拟现实设计系统是一种虚拟现实平台的升级，也是虚拟现实设计发展的方向。研究分布式虚拟现实主要基于两种网络平台：一种是基于互联网的系统，其应用可以追溯至早期基于 VRML 标准的远程虚拟购物等应用；另一种则基于高速专用网络的系统。

在实际应用中，各类 VR 系统满足不同用户的不同层次需求。网络虚拟现实作为一种新兴应用模式，立足于互联网连接的基础架构，构建起一个不仅具备传统虚拟现实功能，更注重跨地域分布式应用的生态系统。此种系统能够让身处不同地理位置的用户进入一个共享的虚拟环境，实现同步沟通、合作互动，共同执行指定任务。网络虚拟现实不受限于特定设备的束缚，既适用于非沉浸式的桌面交互，也支持高度沉浸式的体验方式。网络虚拟现实对硬件设备的要求较为宽松，能够适应多元化的应用场景，展现出极高的适应性和延展性。特别是在当今互联网技术飞速进步的大背景下，网络虚拟现实具有广阔的应用前景。当前，该技术已在工程设计、教育教学、休闲娱乐以及商业展示等诸多领域得到了广泛应用和深入发展。

## 二、VR 技术的硬件构成

在 VR 技术的发展历程中，硬件设备扮演着决定性角色，以至于大众常常将

VR 简化为"头盔显示器""数据手套"等具体装置，然而这并不能完整体现 VR 技术的灵魂所在——创造身临其境的真实感体验。VR 技术的进步实质上是依托计算机技术的提升，唯有借助高速计算和数据传输功能，方能在实时环境中构筑极度逼真且流畅无阻的虚拟环境，有效避免因计算或传输延迟导致的不适感。VR 技术背后的计算机设施通常为高性能图形工作站。随着微处理器性价比的不断提高，VR 技术已从科研实验室和专业机构走向社会生活的诸多领域。沉浸体验的关键要素之一是头盔式显示器，其起源可以追溯至 1966 年麻省理工学院林肯实验室研发出的第一代产品。立体眼镜作为 3D 虚拟场景的观测工具，利用液晶光阀技术快速切换左右眼画面，现已成为普及型 VR 视觉设备。1985 年面世的第一款商业化数据手套集成传感器与光纤技术，能够精密捕捉手指关节弯曲的动作，并提供精准的位置识别及力反馈功能，支持用户进行抓取、移动、旋转等多种操作。1987 年，业界还推出了能实现全方位体感反馈的传感数据套装。而在 VR 系统中，三维空间跟踪定位器是一个不可或缺的技术组件，按其提供的自由度数量可分为六自由度和三自由度两类。此外，三维立体显示器无须佩戴立体眼镜便能展示出立体的三维模型视效。立体投影系统则是由多台投影仪组合而成的多通道大屏幕系统，凭借其强烈的视觉冲击力和沉浸式体验效果，深受用户青睐。具体来说，虚拟现实硬件可分为显示系统（内容输出端）和交互控制系统（动作输入端）两部分。

**（一）显示系统**

1. 头戴式显示系统

头戴式显示系统的显示原理是左右眼屏幕分别显示左右眼的图像，人眼获取这种带有差异的信息在脑海中产生立体感，从而获得一种身在虚拟环境中的感觉。头戴式显示器具有小巧和沉浸感强的优势，但同时也会受到封闭性较强和用户之间交流属性较弱等因素的限制。头戴式显示系统适用于第一人称视角体验的场景，如虚拟驾驶等。

2. 桌面式显示系统

普通显示器、全息台、AR 展示台等都属于桌面式显示系统。桌面式显示系统占地面积较小，一般按照每人或者小组配备设备，设备之间可支持协同操作。根据设备不同，有的需要佩戴主动液晶快门眼镜或光学偏振眼镜。普通显示器能在不影响交流沟通的情况下提供较高的沉浸感和直观交互，常用于学校、企业等参与人数较多的理论、技能培训场景。全息台是一款需要佩戴立体眼镜的桌面式显示系统，用户直接用交互手柄即可与眼前的全息图像进行交互，常用于全息教室教师端和学生端，为教育培训提供了一个即时交流和可持续创新的虚拟世界。AR 展示台适用于大场景、复杂逻辑内容仿真，属于桌面沙盘式显示系统，广泛应用于教学演练、展示营销、产业设计和军事推演等领域。

3. 大屏显示系统

环幕大屏投影系统是比较常见的一种大屏显示系统，包含环幕系统和环幕投影。它采用多台投影（通道）组成的环形投影屏幕，环形幕角度通常为100°～360°，可以形成一个较高沉浸感虚拟仿真可视环境。环幕大屏投影系统具有很强的通用性和易用性，在飞行仿真模拟、虚拟驾驶、展览展示、教育培训等行业被广泛应用。

沉浸感最强的是沉浸式仿真投影 CAVE 系统。该系统由硬质背投影墙构建而成，配备了三维跟踪器，从而创造了一个高度沉浸的虚拟演示环境。在这种环境中，用户能够近距离接触虚拟三维物体或在"真实"的虚拟环境中自由漫游，获得深度环绕沉浸式交互体验。CAVE 系统适合对场景代入要求较高的应用场景。CAVE 系统作为一种高级沉浸式虚拟现实解决方案，通常一位操作员能够同时支持大约 10 位用户共享立体沉浸式体验，并确保他们在虚拟环境中的顺畅沟通。此系统在众多领域有广泛应用，包括：模拟训练、虚拟演示、地质矿产与石油、航空航天、军事模拟、虚拟战场、电子对抗、地形地貌、地震及消防演练仿真等。

**（二）交互控制系统**

**1. 数据手套**

数据手套是一款集成多模态功能的 VR 硬件设备，通过软件编程实现对虚拟环境内物体的抓取、移动、旋转等精细化操作，同时也可用于灵活控制场景导航。数据手套配备精确检测手指关节弯曲的传感器，能结合磁定位技术准确追踪手部在三维空间内的精确位置。数据手套为用户带来了直接且普适的人机交互手段，尤其适用于那些需要高精度手部动作模拟的复杂虚拟现实应用场景。一般而言，数据手套价格适中，可以采集 VR 数据，提供分析，但是体验真实度较差；而力反馈数据手套具有较高的体验真实度，采集数据较精确，但价格高昂，且应用相对烦琐。如图 1-3-1 所示，是可以与沉浸式虚拟现实平台配合使用的数据手套装备。

**图 1-3-1　数据手套与沉浸式虚拟现实配合使用**

**2. 追踪系统**

追踪系统也称动作捕捉系统，是一项能够实时准确测量并记录物体在真实三维空间中的运动轨迹或姿态的高新技术。它能够在虚拟三维空间中重建物体每一时刻的运动状态。追踪系统在全息台、CADWALL、CAVE 等系统中都配备了动作捕捉系统。光学式动作捕捉是基于计算机视觉原理，通过多个高速相机从不同角度对目标特征点的监视和跟踪来进行动作捕捉的技术。这类系统采集传感器通常都是光学相机，不同的是目标传感器类型不一，一种是在物体上不额外添加标记，基于二维图像特征或三维形状特征提取的关节信息作为探测目标，这类系统可统称为无标记点式光学动作捕捉系统；另一种是在物体上粘贴标记点作为目标传感器，这类系统称为标记点式光学动作捕捉系统。

### 3.VR 万向跑步机

VR 万向跑步机可以将用户的运动情况同步反馈到虚拟场景中，它将人的方位、速度和里程数据全部记录下来并传输到虚拟场景，在虚拟世界中做出对现实反应的真实模拟。结合 VR 眼镜等配件，用户能够在现实中 360° 控制虚拟角色的行走和运动，VR 万向跑步机广泛用于安全演练、单兵训练等应用场景。

VR 系统通常借助上面提到的这些硬件设备，来完成对人体的视觉、听觉、触觉、平衡感，甚至味觉和嗅觉的有效干扰，让体验者能最大程度地沉浸、感受虚拟世界。用户在实际使用中，可按照各硬件的特点和应用场景需要，选择适合的产品组合搭配。优质的虚拟现实内容能让这些硬件发挥最佳作用，适合的虚拟现实硬件系统也能让虚拟现实内容充分展示其核心价值。

## 三、VR 技术的软件构成

### （一）VRML

VRML 文件涵盖多个主要功能组件，包括文件头、场景图、原型及事件路由等。通过浏览器处理 VRML 文件，系统可以将场景以声音和图像的形式展现出来，使用户能够与场景进行互动。这是一种比 Basic、JavaScript 等还要简单的语言。脚本化的语句可以编写三维动画片、三维游戏、计算机三维辅助教学课件。它的最大优势在于可以嵌在网页中显示，但这种简单的建模语言功能较弱，与 Java 语言等其他高级语言的链接较难掌握。

VRML 在网络上得到了广泛的应用。随着 VRML 的崛起，VR 技术逐渐渗透到了日常生活中，其影响力与多媒体和网络技术不相上下。得益于 VRML 的推动，第二代万维网（WWW）实现了多媒体、虚拟现实与互联网技术的深度整合。

相比早期第一代万维网仅限于基本的文字和图像浏览，VRML 引领的新一代网络环境引导用户步入一个可以自由穿梭和深度探索的三维信息空间。在 VRML 构建的环境中，用户通过操控虚拟实体来传达思想、展开互动，这种交互过程大大加深了人们对物体属性、构造以及相互联系的理解。VRML 开辟了一片全新的三维疆域，极大地拓宽了网络体验的边界，不仅支持数据和应用程序以三维形式呈现，还融入了声音元素，使用户能够沉浸在视听效果高度真实的虚拟天地中。在这个三维世界里，用户可以采用多种交互手段与虚拟对象发生联系，在虚拟社群中仿若实地般进行直观且自然的沟通与互动。

### （二）Java 3D

Java 3D 是一个高级的交互二维图形应用程序接口，作为 Java 2D SDK 的标准扩展，集成了三维开发工具 OpenGL 和 DirectX，显著简化了三维图形程序的开发。此接口免去了光照、着色或碰撞等复杂图形学问题的处理。Java 3D 从高层次供开发者对三维实体进行创建、操纵和着色，使开发工作变得极为简单。Java 3D 广泛应用于三维动画、游戏、计算机辅助机械设计等领域，并支持编写多种三维形体。与 VRML 不同的是，Java 3D 本身不含基本形体，但开发者可以通过随附的 UTILITY 工具生成基本形体，如立方体、球体、圆锥等，或使用 ALIAS、LIGHTWARE、3ds MAX 等软件以及 VRML 2.0 生成体。

Java 3D 源于 Java 网络编程语言并使用 Java 编写，有效解决了跨平台环境下的可视化问题。其代码的高度可传输性允许可视化场景的 Applet 从服务器轻松传输至客户端，并在本地运行，展现动态的三维可视化效果。

### （三）Open GL

Open GL 是当前业界广泛采用的底层 3D 技术，多数显卡制造商均提供了对其的支持和优化。作为一种开放的三维图形库，Open GL 不依赖特定的窗口系统或操作系统，基于该技术开发的应用程序可实现跨平台的无缝移植。另外，Open GL 使用简便、效率高，并且具有建模、变换、颜色模式设置，光照和材质设置，纹理映射，位图显示和图像增强，双缓存动画等功能。Open GL 同时也定义了一系列接口用于编程实现三维应用程序，但是这些接口使用 C 语言实现并且很复杂。掌握 Open GL 的编程技术需要花费大量的时间和精力。除了常用的三种 VR 技术的建模语言，开发应用系统通常还会利用 3ds MAX、Maya 等工具快速构建基础场景，并通过接口将其导出为可编辑的 VRML 格式的 WRI 文件。

在 VR 系统的构建中，内容编辑软件扮演着不可或缺的角色。这些虚拟环境允许用户自由浏览、观察、操作、触摸及检测周边环境和物体的内在变化，实现与环境的互动。此技术改变了传统建筑设计的呈现方式，设计师可以在任何设计阶段进入场景空间，从各种角度检视和评估设计方案，全面体验空间、尺度、环境、光线以及声音的变化，以达到更加完善的设计效果。

# 第二章 VR技术融入课堂教学对学习的影响

VR技术具有以不同方式辅助学习的功能，因此在教育领域引起了广泛关注。自20世纪90年代初以来，VR技术已应用于美国的K–12教育和高等教育中。事实证明，VR在教育领域的应用是一次有趣且有潜力的尝试。本章为VR技术融入课堂教学对学习的影响，主要介绍了四个方面的内容，依次是VR技术与课堂教学的融合、VR技术与学习投入的关系、VR技术对学习投入的影响、VR技术与教学融合的实践启示。

# 第一节  VR 技术与课堂教学的融合

VR 技术能够为学习者构建虚拟的情境，从而为其提供身临其境的体验。由于大多数 VR 用户的感知依赖计算机生成的虚拟环境，VR 技术也可以被视为在人脑中生成幻觉的一种技术，这种技术可以让人们沉浸在相对独立的空间中。

随着技术的快速发展，VR 技术已被应用于诸如医学解剖、航天器训练以及建筑模拟等本科课程中。当把 VR 技术作为一种教学媒体引入教学活动时，VR 设备可以作为学生学习过程中的一种有效补充工具。通过使用 VR 设备，教师可以将抽象知识可视化并以 3D 视图的形式呈现给学生，而在这种生动的互动和身临其境的体验环境下，学生更有可能拥有愉快而真实的学习体验。

近些年，国内的教育者开始关注 VR 技术在教学中的应用，越来越多的教师希望能够将 VR 技术与日常教学相结合，从而探索 VR 技术对于教师教学和学生学习的促进作用。一些研究人员关注教师使用 VR 的情况，还有一些学者从学习者的视角入手，观察和评估 VR 技术应用于教学中对学生学习兴趣和学习投入的影响，以验证教师和学生对于 VR 技术应用于教学中的态度和接受程度。

## 一、VR 技术的发展与教育模式的变化

从 19 世纪末到 20 世纪初，科技的迅猛发展促使了幻灯机、放映机、留声机、录音机及无线电收音机等音像传播设备的诞生。1924 年，全球首台有声电影放映机在美国韦斯顿公司成功研制，标志着视听结合信息传播设备应用的开端。到了 20 世纪 50 年代，西方国家在大学教育中引入幻灯、投影、录音和录像等电子媒体，采纳了被称为"多媒体组合教学"或"电化教学"的教育方法，这一方式在全球多媒体教学史上占据了重要地位。20 世纪 60 年代，计算机在美国高校的教学和科研中首次得到应用，多种计算机辅助教育软件的开发亦被纳入高校的研究计划。20 世纪 70 年代初，个人计算机在美国推出，其出色的性能及其价格和体积的显著降低，为计算机在教育领域的普及提供了条件，促进了以计算机为核心的多媒体教学法的发展。自 20 世纪 90 年代起，随着计算机网络技术的崛起和信

息时代的到来，VR 技术在高校教学和研究中得到广泛应用。基于网络的多媒体系统通过将多媒体技术与网络通信技术的紧密结合，极大地扩展了单机多媒体系统的功能，实现了网络上的多媒体信息传递和资源共享，创造了一种理想的多媒体网络教学环境，代表了多媒体教学应用的最新发展。这种多媒体网络教学不仅是对大学教学方法和手段的一次重大改革，也标志着教育观念与教育模式的持续进化。

伴随着 VR 技术的迅猛发展及移动互联网的广泛应用，生活、工作及学习方式已实现了跨时空的革新，从根本改变了知识获取的模式。信息时代出现在 20 世纪末，以电子信息为主形成的知识信息流孕育出教育的网络形态。VR 技术将成为 21 世纪人类社会发展的主要动力。以计算机多媒体和网络为代表的现代技术的出现，深刻地改变着人们的思维模式、教育方式和活动空间。教与学可以不受时间、空间条件的限制，知识获取渠道变得灵活与多样化。

在信息技术时代的浪潮中，微电子、计算机及电子通信技术的持续进步，为远程教育的迅速发展奠定了坚实基础，推动远程教育迈入新的发展阶段。在这一时期，中国的学术界通常使用"网络远程教育""现代远程教育""网络教育"等术语，而北美学者多将其称为"在线教育"或"电子远程教育"，欧洲及澳大利亚的学者则偏好"开放学习"和"灵活学习"的说法。

通过利用多种媒体技术，远程教育在系统化教学中实现了师生之间以及学生与教育机构之间的有效联系。VR 技术的不断演进使远程教育演化为一种新型教育模式，其特征包括师生物理分离、信息传输方式的多样化以及学习场所和形式的灵活性。远程教育因此能够打破时空限制、扩大教学规模、降低成本并提升教学质量。

## 二、VR 技术与课堂教学融合的层次

VR 技术与课堂教育融合进程可根据融合的程度与范围细分为三个关键环节。第一，封闭式、以知识为中心的课堂教学融合阶段。VR 技术主要用于再现课件内容，辅助教学展示，学生主要以旁观者身份体验虚拟环境，对技术的依赖性和学习投入度相对有限。第二，开放式、以资源为中心的课堂教学融合阶段。VR

环境转为丰富的教育资源平台，学生可在虚拟空间中自主探究学习，教师更多承担引导角色，此时学生的学习参与度和技术依赖性明显提高。第三，全方位的课堂教学融合阶段。VR 技术与教学内容实现深度融合，构建出沉浸式、强互动的教学模式，学生不仅直观掌握知识，还在模拟真实情境中动手实践，学习投入度和技术依赖性均大幅提升。

当代教育改革的核心目标是促使学生从被动接纳知识转为主动深度学习，并在虚拟环境中应对实际挑战。在教学实施中，依据教学活动对技术的依赖程度和学习方式的变化，教育者可以构建一条发展路径，旨在实现从低技术依赖、低学习投入阶段向高技术依赖、高学习投入阶段的平稳过渡。

根据学生在各个阶段参与学习程度的差异，以及对学生在不同学习阶段对 VR 技术特性与功能需求的不同考量，将上述三个主要阶段进一步细分为十个等级。对于每一个等级的教学策略设计、学生学习方式选择、教师角色定位、学生角色塑造、教学评估方法及其基准、VR 技术在不同层级的具体功能以及硬件要求，我们进行了详尽的对比分析和阐述，具体结果如表 2-1-1 所示。

表 2-1-1　VR 技术与课堂教学融合层次划分表

| 阶段 | 层次 | 教学策略 | 学习方式 | 教师角色 | 学生角色 | 教学评价 | VR 技术的作用 | 硬件要求 |
|---|---|---|---|---|---|---|---|---|
| 阶段一：封闭式的、以知识为中心的课堂教学融合 | VR 技术作为演示工具 | 说教式讲授 | 集体听讲 | 知识施予者 | 知识被灌输者 | 纸笔测试、口头问答 | 演示工具 | 一台教师机、投影机 |
| | VR 技术作为交流工具 | 说教式讲授、个别辅导 | 个体作业为主 | 知识施予者、活动组织者 | 被灌输为主、呈现出主动参与学习的兴趣 | 纸笔测试 | 简单的人人交互工具，培养学习兴趣、促进情感交流 | 局域网或互联网 |
| | VR 技术作为个别辅导工具 | 个别辅导式教学、个别化学习 | 个体作业 | 计算机软件的开发者或选择者、辅导者 | 主动学习、接受软件讲授 | 纸笔测试或计算机测试 | 简单人机交互工具，实现教师职能的部分代替 | 每人一台个人计算机 |

| 阶段 | 层次 | 教学策略 | 学习方式 | 教师角色 | 学生角色 | 教学评价 | VR 技术的作用 | 硬件要求 |
|---|---|---|---|---|---|---|---|---|
| 阶段二：开放式的、以资源为中心的课堂教学融合 | VR 技术作为资源环境 | 探索式学习等策略 | 个体作业＋协作学习 | 教学的引导者、帮助者 | 学习主动参与者 | 测试／学生的作品 | 资源收集、查询工具 | 局域网或互联网 |
| | VR 技术作为信息加工工具 | 个别化学习、协作式学习 | 个体作业为主、少量协作作业 | 知识施予者、学习的指导者、活动组织者 | 学习主动参与者 | 测试／学生的作品 | 学生表达思想、观点、交互的工具 | 网络教室或局域网 |
| | VR 技术作为协作工具 | 多种学习策略，以问题解决式、任务驱动式为主 | 协作作业为主 | 教学的指导者、帮助者、教学活动的组织者 | 学习主动参与者 | 按照学生的作品进行评价 | 生活、学习的协作工具 | 互联网 |
| | VR 技术作为研发工具 | 多种学习策略，以发现式、任务驱动式为主 | 协作作业或个体作业或二者均有 | 教学的指导者、帮助者、促进者 | 主动探索、主动发现、主动建构 | 有一定价值的作品 | 智能工具 | 互联网 |
| 阶段三：全方位的课堂教学融合 | 课程内容改革 | —— | | | | | | |
| | 教学目标改革 | —— | | | | | | |
| | 教学组织架构改革 | —— | | | | | | |

## （一）封闭式、以知识为中心的课堂教学融合

1.VR 技术作为演示工具（第一层）

在这个层次中，VR 技术被用作基础的教学演示工具，标志着 VR 技术在教

学融合中的初步尝试。教师可以选择使用现有的计算机辅助教学软件或者从多媒体素材库中挑选合适的内容，将这些内容融入自己的讲解中；教师还可以自行制作演示文稿或多媒体课件，清晰地展示教学内容的结构，形象地演示某些难以理解的部分，或者使用图表和动画来展示动态过程和理论模型；教师还可以利用模拟软件或者连接到计算机的传感器来演示实验现象，这些工具能帮助学生更好地理解课堂上的知识。

2.VR 技术作为交流工具（第二层）

在教育过程中，交流扮演着至关重要的角色，也是决定教学效果的关键因素。将 VR 技术整合到教学环境中，无论是课堂内还是课堂外，均可为师生之间及学生之间创造更多的沟通机会。虽然这种做法没有直接改变教学策略或方法，但它在增进师生关系以及提高学生的学习热情和参与度方面却有着积极作用。

VR 技术作为交流工具，有效增强了师生之间情感的互动，成为一种教学的辅助手段。学生可以在虚拟环境中与教师和其他同学进行交流，互动学习。他们可以通过观察和实践来深入理解各种概念和知识，而不局限于书本上的文字。

讲授式教学在这一教学层次中仍占主导地位，学生通过个体作业完成学习任务，评价方式未有变化，教师与学生的角色亦基本保持不变，教师增加了组织和管理交流的职责。由于学生的情感与学习兴趣得到激发，因此他们的学习积极性相较之前有了显著提升。交互式学习利用 VR 设备和软件，在虚拟世界中与物体进行互动。学生可以通过触摸、移动、旋转等方式与虚拟物体进行互动，提高学习的趣味性和参与度。例如，在学习生物知识时，学生通过观察虚拟昆虫的身体结构，了解它们的特点并进行实践操作，可以更加深入地了解生物学的概念。

3.VR 技术作为个别辅导工具（第三层）

计算机软件技术的迅猛发展催生了大量的习题练习软件和计算机辅助测评系统，这些工具在辅助学生巩固知识、提升技能方面发挥了重要作用，同时协助学生有针对性地规划学习路径，达成个性化的学习指导效果。在这一背景下，计算机软件在自动出题、客观评分等方面辅助了教师的部分工作，因此，教学活动对技术的依赖性显著增强。同时，教学过程充分考虑学生的个性化差异，有效激发了学生更高的学习积极性与参与度。这一层次的技术应用主要包括个别化辅导软件以及师生间互动的交流工具。

不同学习内容和教学目标决定了个别辅导软件所提供的交互形式，教学法（或学习方法）呈现出多样化特点，由此衍生出一系列具有不同特性的个性化辅导软件子模式，生动展现了计算机辅助学习的交互多元化特征，涵盖了从简单的练习题解答、对话交流，到游戏化学习、模拟实训、在线测试，直至复杂问题求解等多元化的学习场景。对于一些危险或昂贵的实验，虚拟实验室提供了一个安全和经济的替代方案。学生可以通过虚拟实验室进行模拟操作，提前熟悉实验步骤和操作技巧，从而更好地应对实际实验。

在这个教学层次中，学生能够接触和利用大量优质的教育软件，从而极大地激发了他们的学习兴趣，增强了学习投入度。在学习过程中，当学生遇到疑问或挑战时，他们能够及时向教师或其他同学请求援助。教师需要持续跟进学生的学习进度，并在学生面临学习困境时，提供适时的辅导和必要的支持。至于评价机制，现阶段仍主要以各类测验成绩作为评估学生学习成效的基本依据。

### （二）开放式、以资源为中心的 VR 课堂教学融合

#### 1.VR 技术作为资源环境（第四层）

在当前信息化快速发展的社会中，信息能力变得尤为关键，涵盖了获取、分析以及加工信息多个方面。利用 VR 技术构建的资源环境大幅扩展了教学的内容和深度。通过这种技术，教师可以将各种多媒体和互动资源集成到课堂中，使教学场景更为丰富和真实，从而激发学生的学习兴趣和创新思维。

在这样的环境下，学生可以接触到更加广泛的信息，并在教师的指导下学会如何有效地筛选和利用这些信息。这不仅拓宽了学生的知识视野，还提高了他们的信息处理和判断的能力。在这一过程中，教师扮演着关键的角色，他们需要提前准备和组织必要的教学资源，以适应不同的教学需求和现实条件，确保每个学生都能在课堂上信息技能的提升。

2.VR 技术作为信息加工工具（第五层）

在学生掌握了基本的信息获取和分析技能之后，第五层的教学重点转向学生如何进一步加工和应用这些信息。这一层次特别强调了信息加工能力的培养，要求学生能在快速获取大量信息的基础上，进行有效的整理、重组和创新性应用。通过 VR 技术，学生可以在一个虚拟且真实的环境中应用信息，将理论知识转化成实践技能。这种技术的应用不仅提高了学生处理复杂信息的能力，还促进了他们创造性思维和解决问题能力的发展。此外，第五层的有效实施依赖充足且多元的信息资源，这些资源是通过第四层的教学活动提供的。没有这些基础资源的支持，学生在信息加工方面的学习将难以进行，这显示了该层次在整个教育体系中的必要性和先进性。

该层次教育活动着重于培养学生的信息处理能力与思维的流畅表达，实现对知识的内化。此教育阶段适宜采用"任务式教学策略"，适用于小学高年级及以上年级。VR 技术还能帮助学生进行虚拟探索。学生可以利用 VR 技术参观世界各地的名胜古迹等，拓宽他们的视野和知识面。他们可以穿梭于不同的时空，亲身感受历史文化的魅力，深入了解不同地区的自然景观和生态系统。这种虚拟探索为学生提供了广阔的学习空间，帮助他们更好地理解世界的多样性和复杂性。

在教学过程中，教师需要密切监控学生的信息处理过程，并在他们遇到难题时提供及时的辅导与支持。

3.VR 技术作为协作工具（第六层）

协作学习相较于个体化学习，能显著促进学生高级认知能力的发展，同时助力于培养学生的协作意识、技巧、能力及责任感，故而受到教育工作者的广泛关注。计算机网络技术与 VR 技术的融合，为协作式学习的实施提供了坚实的技术基础与环境支持，并提高了协作的可能性，降低了非必要的精力投入。基于互联网的协作学习包含"竞争""协同""伙伴""角色扮演"四种基本模式，每种模式对技术的依赖程度不同。

在竞争模式中，多名学习者在网络环境下针对相同的学习内容或情景展开竞争，看谁优先达到教学目标。此方式不仅能提升学生的技巧和能力，还增强了竞争意识。在此模式下，学习系统会设定问题或目标，并提供相关的解决方案或完成目标的信息。学习者在选择了竞争对手（包括可能选择计算机作为对手）后，独立解决问题，同时可以监控对手的状态和进展，据此调整自己的学习策略，这一过程通常由智能网络教学软件支持。

协同模式涉及多名学习者共同完成学习任务，学习者在此过程中发挥个人认知优势，通过互助、互补及分工合作，加深对学习内容的理解。这一模式依赖多种网络技术的支持，如视频会议系统、聊天室和留言板等。

伙伴模式是指学生在网络环境下找到与现实环境中类似的伙伴，然后共同协作，共同进步的一种协作学习模式。伙伴模式还有另一种形式，即由智能计算机扮演伙伴角色，它和学生共同学习、共同玩耍，并在必要时给予忠告等。

角色扮演通常在由网络技术构建的现实或历史情境中进行，学生扮演特定角色并通过互动进行学习。为开展这些活动，教育者常采用实时互动网络工具，如NetMeeting、视频会议和多功能聊天室。例如，在学习历史时，学生可以通过 VR 技术参观历史场景，听取历史人物的讲解，进一步了解历史事件和文化背景。

4.VR 技术作为研发工具（第七层）

信息处理能力、协作能力的培养固然重要，但学生的探索能力、问题发现与解决能力及创造性思维的发展更关键，这些是教育的核心目标。在这些目标的实现过程中，VR 技术扮演了"研发工具"的角色。

多种教学软件工具能有效支持这一层次的教育活动。例如，在中学数学教学中，几何画板为学生提供了自主操作和问题探索的机会：面对问题时，学生通过思考和协作，可以提出假设和推理，并使用几何画板进行验证。此外，学生还可以利用几何画板进行实验，发现并总结数学现象和规律，如三角形的内角和为180 度、圆周率的存在及其计算方法等。随着 VR 技术的快速发展，其在教学中的应用极大地支持了学生的探索和学习。在经济学课程中，VR 技术能模拟真实的商业环境，使学生在复杂的实际条件下做出决策和选择，从而提高解决实际问题的能力。

运用 VR 技术开展探索式教学和问题解决式教学等多种教育模式已初见成

效。全球范围内的教育从业者仍在积极探索如何更高效地运用 VR 技术，其目标在于开发出能够有效激发学生创新思维能力、实现更高品质教学效果的策略方案。通过不断深入研究，VR 技术有望在教育领域内发挥更大作用，为培养未来创新型人才提供更多可能性。

**（三）全方位、深度一体化的 VR 课堂教学融合**

前期两个教育发展阶段所划分出的七个层次在教学实践中体现出鲜明的差异性，但需要注意的是，这些层次尚未对教学内容、教学目标以及教学组织形式进行全面深入的信息化改造。尽管这些层次在广泛应用中取得了一定成效，但随着教育与学习理论的深化探索与实践应用，以及 VR 技术在教育领域的系统性研究与细化应用，教育领域即将迎来一次颠覆性的变革。这次变革将会从根本上推动教学内容的创新、教学目标的重构以及教学组织架构的整体信息化转型，从而实现教学活动全过程的深度信息化整合。在此过程中，VR 技术将更加紧密地嵌入到教育的各个环节，形成无缝对接，以期达成 VR 技术与课程改革更高层次的融合，推动教育质量和效果的全面提升。

1. 教育内容改革（第八层）

VR 技术不仅改变了教学方式，还强调了对知识内在联系、基本理论的重视，使与实际生活密切相关的教学内容变得尤为重要。此外，教学内容的表现形式也经历了从传统的文本和线性结构向多媒体和超链接结构的转变。在这种背景下，全国各地的省市教育部门针对本地区的实际教育情况和课程改革的进展，已经开始着手探索适应新时代要求的教学内容改革。

总体而言，教育内容改革的主要趋势表现为教材难度的变化，更加注重基础理论的教学和知识之间的内在联系。根据高难度、高速度和理论化的原则修订教材，确保教学内容既丰富又精准。在课程设计上，应注重学科结构的合理性，追求教学内容的精练，力求使学生能够掌握通用的基本原理，从而在认知能力上获得发展。教学大纲的制定应侧重学生的思维能力和创造力的培养，而不仅仅是知识的传授和一般技术的培训。教育内容的制定还需要与实际生产紧密结合，特别强调培养学生解决实际问题的能力。随着科技的不断进步，教材的多媒体化已成为一种趋势。利用多媒体和超媒体技术，教材能够实现结构化、动态化、形象化的表现，使学生在学习某一内容时，能够轻松跳转到与该内容相关的任何知识点和资源。这种多媒体化的教材和工具书不仅包含传统的文字和图形，还能呈现声音、动画、录像以及模拟的三维景观，极大地丰富了学习资源的表现形式和互动形式。

2. 教学目标改革（第九层）

教育内容改革正逐渐从传统的以知识为中心的教学模式转变为以能力为核心的教学目标。此类改革专注于培养学生的多项关键能力，包括信息的获取、组织、操作及评价技能，有效的问题解决能力，深刻的批判性思维能力，持续的学习能力，以及与他人协作的能力。这种教学目标的转变旨在满足快速变化的社会需求，强化学生面对未来挑战的各项能力。

随着科技的不断进步，尤其是 VR 技术的发展，以及教育课程改革的不断深化，未来的教育将更加注重真实性任务的参与和真实性项目的创建。这种新的教学目标将更有助于学生在真实世界中应用所学知识和技能，从而提高他们解决实际问题的能力。通过这样的实践，学生能够在学习过程中获得更深刻的理解和更有效的技能，为他们将来的学术和职业生涯奠定坚实的基础。

3. 教学组织架构改革（第十层）

教学内容和目标的改革推动了教学组织架构和形式的相应变革。在这种改革中，教学目标开始更多地强调将实际生活中的问题作为学习的核心，从而推动教学形式的革新。这种新的教学方式要求打破传统的课时界限，例如，打破传统的每堂课 45 分钟或 50 分钟的时间限制，以及所有学生必须坐在教室中听课的空间限制，转而采用以项目和问题为导向的灵活学习模式。在这种模式下，教学的时间和空间被重新设计和规划，以适应更加开放和互动的学习环境。此外，教学的组织形式也发生了变化，特别是在活动安排的分组上，不再是按照传统的能力同质分组，而是实行异质分组，旨在增强学生间的互动和合作。

在全球范围内，许多研究机构和教育机构已经开始实施这种教学组织结构的改革。例如，美国密歇根州立大学就为 6～8 年级的学生设计了一种结合数学和经济学的课程。这种课程设计的目的是让学生在处理日常生活场景中的问题时能够应用数学知识，同时增进对社会环境的了解。在这种课程设置中，学生被分成若干小组，每个小组选择一个职业，以此为背景，在虚拟环境中构建一个模拟家庭。学生需要管理家庭的财务，包括选择贷款方式购买房产和汽车、挑选家具，以及规划家庭的日常消费。课程最终以小组汇报的方式结束，学生需要计算并呈现每月的家庭收支情况。这种通过真实性问题情境和协作方式进行的教学活动，使学生能够在实践中愉快并有效地完成学习任务。

## 三、VR 技术与课堂教学融合的教学模式

在课堂教学过程中应用 VR 技术是为了更好地优化和改革教学结构，突出"主导—主体型教学结构"。在这种新型教学结构下，既能发挥教师的引导作用，又能充分调动学生的学习积极性和主动性，增强学生的课堂归属感，突出学生的主体地位。想要构建新型教学结构就需要有与之相匹配的教学模式，这就需要教育者不断分析和探索 VR 技术和课堂教学在融合过程中所涉及的诸多要素，包括背景、实施步骤等。

教学模式类型是丰富多样的。VR 技术与课堂教学进行融合所具备的教学模式同样也呈现较多层次。VR 技术与课堂教学之间的融合实际是技术与学科教学之间的紧密融合，而学科教学主要包括两个阶段，分别是课内和课外，而课外又可以分为课前和课后。因此，与之相关的教学模式也可以划分为课内和课外教学融合模式。

西方国家关注 VR 技术和课外阶段的融合，在该方面也进行了详细地分析和研究，并总结出了一定的结论和经验。WebQuest 和 Just-in-Time Teaching 是最具有代表性和影响力的模式，其中，前者在国内外较受欢迎。

### （一）课内融合教学模式

课堂教学涉及学科、教学策略和技术支撑环境等多方面内容和要素，因此，与之相匹配的教学模式也是较为复杂和多样的。涉及学科的融合教学模式，相对而言较为明确和单一；涉及技术支撑环境的融合教学模式，相对而言要更加复杂；对于教师来说，往往难度最大、最难把控和掌握的为涉及教学策略的融合教学模式。

基于技术支撑环境，融合教学模式较为多样，如基于网络教室、多媒体演示等。这两种也是当前在国内更受欢迎且应用更加广泛的类型。

在虚拟环境下，虚拟教室是教学实施的场所和环境。教师往往会提前备课并制作好相关课件，在课堂中进行播放和演示。这种模式具有两方面显著的特征，一方面，能够给学生更加直观的感受，让抽象的内容变得更加直观，通过视频材料能够更好地渲染氛围和环境，帮助学生融入课堂教学氛围，为情感教学奠定良好基础；另一方面，这种教学模式也存在一定的弊端，学生在参与过程中是信息的接受者，只是单方向接受演示课件所想传递的内容和想达到的目的，而缺乏与课件或机器之间的沟通和交流。

通过 VR 技术，学生可以身临其境地观察和体验各种学习内容，如模拟实验、历史场景等。这种沉浸式的学习体验能够提高学生的学习兴趣和参与度，使其更加深入地理解和掌握知识。如学习生物时，教师向学生展示一段 VR 视频，学生可以通过 VR 技术进入人体细胞的内部，真切地感受探索微观世界的奇妙过程。

基于教学策略，课内融合教学模式可以分为协作学习、讨论、自主探究等多种类型。在实际教学过程中，教师往往会采取两种及以上的教学模式，通过它们相互配合、相互协调共同达成教学目标。只要能够达到既定目标、完成教学任务和要求，就可称之为有效的教学模式。虽然从理论层面按照特定的教学策略对教学模式进行分类，但在实际应用过程中，教师往往会采取多种教学策略相互配合的方式来共同开展教学。比如，在导入新课时，教师可以应用情景创设的策略，帮助学生更好地融入课堂教学过程中，为后续的教学活动奠定良好基础；讲解新知识时，可以通过课件演示的方式，帮助学生更直观、明确地了解知识点；在知识迁移时，可以采取角色扮演的策略，让学生在扮演角色的过程中加强对知识的理解和吸收，提高对知识的应用能力。任意两种或两种以上的教学模式进行排列组合都可以有无数种结果，因此，与之相匹配的教学模式也有非常多样的类型。在实际应用过程中，"传递—接受教学模式"和"探究性教学模式"这两种类型是应用最为广泛，也是较为有效的教学模式，这两种教学模式都能为新教学结构的构建奠定良好基础，提供有力支持，也都能实现教学目标。但两者也存在一定的区别，前者更加突出教师的引导作用和课堂主导性，后者则更加注重培养学生的参与感，突出学生的主体地位。换言之，前者更加侧重"教"，后者更加侧重"学"。

1. "传递—接受"教学模式

（1）"传递—接受"教学模式的产生背景与教学流程

"传递—接受"这一模式的产生与奥苏贝尔的有意义接受学习理论存在着重要关系。奥苏贝尔认为，学生的学习并非发现学习而是接受学习，学生通过教师讲解或课本知识来获得相关知识和内容，这种学习方式并非完全不可取，而是存在一定的价值和意义，即新旧知识之间的连接。也就是说，有意义学习的重要基础和有效前提是学习者在学习过程中，特别是在学习新知识时，能够与已经获得的旧知识建立紧密联系，从而获得学习上的实际意义。接受学习的重要目的是更好地帮助学生加强对知识的理解和有效应用，借助知识之间的内在逻辑帮助其构建科学合理的认知结构。

在"传递—接受"教学模式中，教师的主导性主要表现在：通过多种途径充分调动学生的学习热情，激发其学习动力；结合教学目标和教学模式选择与之相匹配的教学媒体及内容；帮助学生发现新旧知识之间所存在的关系，并引导其构建新旧知识之间的有意义联系；给予学生一定的空间和时间，让学生开展合作学习，更好地帮助学生加强对知识的理解吸收和应用。学生的主体性则主要表现在：主动构建新旧知识的有意义联系，从而在学习活动中明确新知识的意义；通过不断学习丰富知识库，构建知识逻辑，拓展认知结构。

"传递—接受"教学模式的教学流程如图 2-1-1 所示。

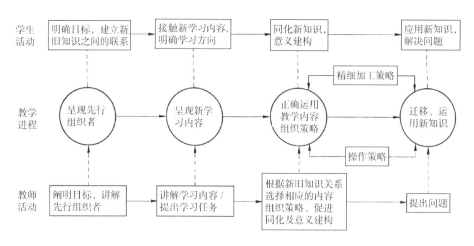

图 2-1-1 "传递—接受"教学模式框图

（2）"传递—接受"教学模式的内涵与特征

"传递—接受"教学模式是指在教学活动中，教师通过幻灯片演示、口述等方式开展教学，学生通过眼看、耳听等方式加强对知识的吸收，从而完成教学任务、实现教学目标。在教学活动中教师应当承担的角色和使命是帮助学生找到新旧知识之间的内在联系，引导学生构建新的认知结构。

该教学模式的特征是以教为主，具体表现在：

首先，突出教师的主导作用。在这一教学模式下，教师是课堂的把控者，把握教学内容、教学节奏、教学进度，引导学生开展学习活动。这种教学模式能充分发挥教师的作用和价值，在教师的引导下能够使教学活动更具有逻辑性、层次性，推动师生之间的互动和交流，帮助学生加强对前人知识经验的理解和掌握。

其次，学生的主体性虽然有所体现，但不够充分。这种教学模式并非只是一味局限于教师的教学而完全忽略学生的自主性，实际在教学过程中，教师也有意识让学生采取自主学习的学习策略，只是这种学习策略在该教学模式下处于次要的位置。在这种教学模式下，学生也需要发挥主观能动性，特别是在构建新旧知识联系和知识结构的过程中，只有学生主动思考、主动总结才能达到这一目标，但这种自主和主动是在教师的引导和帮助下所产生的，和学生自发主动进行探究并形成知识间的连接存在本质区别。前者相对而言更能节省时间，能够帮助学生少走弯路，更高效地获得相关知识，构建新旧知识之间的联系，但在这种教学模式下很难对学生的创新思维产生启发和引导。而后者则相反，学生虽然需要花费相对较多的时间才能达到与前者相同的目的，获得对知识的理解和掌握，但却能在这一过程中获得更多创新思维和意识的培养，更能提高学生的综合素质和个人能力。在实际教学过程中，每一门课程的课时数是一定的，学生所需学习的内容、所要达到的学习标准是固定的，因此，在同等时间内为了能更好达到教学目标、完成教学任务，教师会采取前一种教学模式开展教学，让学生在相对较短的时间内更好地掌握和理解知识，更好地构建新旧知识之间的关系。前者相较而言更能发挥情感因素的作用和影响。虽然前者还存在一些问题和不足，但依旧被大多数院校所认可和接受，在实际教学过程中更多地采取这一教学模式。

（3）"传递—接受"教学模式的实施步骤

"传递—接受"教学模式主要包含以下四个实施步骤：

①实施先行组织者策略

这一环节主要是讲述教学目标，帮助学生唤起之前的学习记忆，更好地呈现先行组织者。通过阐述教学目标，教师能够更好地帮助学生明确该部分内容所要达到的要求和标准，从而让学生结合自己的实际情况灵活安排和调整。先行组织者策略是教师利用适当的引导性材料对当前所学新内容加以定向与引导，以帮助学生搭建起学习新知识的桥梁。想要达到这一目的，教师需要使引导性材料和新知识产生一定的关联，从而能够更自然有效地过渡到新知识的学习中。先行组织者使学生构建起更加科学合理的知识结构。先行组织者包括三种类型，分别为并列组织者、上位组织者、下位组织者。教师必须对不同类型有明确的了解和认知，并在教学过程中结合实际情况灵活选择，从而最大程度发挥其作用和优势。

②介绍和呈现新的学习内容

教师可以通过多种方式对学习内容进行详细介绍，如播放录像、口头讲解等。这种方式能够帮助学生把握所需学习的概念、定义、其他知识点等具体内容，更快地厘清学习内容之间的关联，加强对课堂的整体把握，从而在学习过程中更有方向性和目标性。在这一过程中，教师需要加强对学生注意力的调动和引导，使学生能够集中精力开展学习。

③运用教学内容组织策略

想要帮助学生加强对新知识的理解和消化吸收，教师除了要通过鼓励和引导的方式充分调动学生的学习积极性和主动性，还应当应用不同的组织策略，帮助学生构建起新旧知识之间的关系。比如，若新旧知识具有类属关系，教师在教学过程中应当采取渐进分化的组织策略，帮助学生加强对知识脉络的梳理，构建起知识结构；若新旧知识呈现总括关系，教师在教学过程中应当采取逐级归纳的组织策略，帮助学生深化对知识的理解和认知；若新旧知识呈并列关系，教师在实际教学过程中可以通过融合协调的策略开展教学。

④促进对新知识的巩固与迁移

学生应当加强总结和反思以及加强剖析和研究，从而对新知识有更深刻的了解和认知。同时，学生还需要通过不断练习和实践来检验对知识的理解和消化程度，检验应用知识解决实际问题的能力，从而更好地完成对新知识巩固和迁移。

（4）"传递—接受"教学模式与 VR 技术融合途径

①确立科学的教育教学理论

以 VR 技术作为重要基础和前提的"传递—接受"式教学模式改革，并不仅仅是在教学过程中应用 VR 技术，而是在教学结构和教学方法层面所开展的深度改革。我国教育教学一直延续着以教师为中心的教学模式，在这种教育模式下所培养出的学生学习能力很强，但也存在个别学生创新意识薄弱，实践能力不足，因此，教育模式必须进行改革和创新。我们要在教育理论方面进行丰富和充盈，要输入新鲜血液，从而推动教育教学改革的顺利发展。

②重视教师主导作用的发挥

"传递—接受"教学模式并不意味着全盘否定教师的作用和价值，而是要充分发挥教师的主导作用。教师对于课堂的重要性是不可忽视的，教师是课堂教学内容的设计者，是教学活动的推动者，是学生开展学习活动的重要引导者，因此，在实施这一教学模式时也应当充分突出教师的主导性，发挥教师应有的作用。所谓的主导性并非传统教学模式中以教师为课堂教学中心的模式，也并不排斥学生的主体地位这一观念。

③创造多元化教学模式

VR 技术环境支持下的"传递—接受"教学模式的改革，实质上也就是多种教学方法或教学策略的综合运用与合理组合。在 VR 技术条件下，新型教学结构的创建，需要综合运用各种教学方法或教学策略。这些教学方法或教学策略形成合理且相对稳定的结构以确保预期教学目标的实现，这样才算是多元融合的有效教学模式。

2. 探究性教学模式

（1）探究性教学模式的产生背景与教学流程

一部分人认为学习方式是指在学习过程中所使用的策略或所应用的方法，但其实不然，学习方式是指在学习过程中学生所具备的基本行为和认知取向，是指学习中呈现的合作性、探究性等基本特征。学习方式的改变就是要变被动为主动，更加突出其积极性和自主性，从而推动学生养成创新意识，提高其主观能动性，让学生真正把握学习活动，成为课堂和学习的主人。2001 年，我国曾实施《基础教育课程改革纲要（试行）》，《纲要》中对学习方式有明确要求，倡导学生转变学习方式，并在教师的引导和帮助下更加积极主动地开展学习，提倡合作、探究、自主的学习方式，突出学生的主体性。在这一发展背景下，探究式教学模式应运而生。

探究性教学模式的学习对象是课文中的一个或多个知识点。课程由多个单元、多篇课文所组成，而每篇课文又会包括多个知识点。VR 技术和课堂教学融合的活动都可以采取探究性教学模式。事实也证明这一教学模式是符合教学发展需要且非常有效的，能够有效提高教学效果和质量。

探究性教学模式的教学流程如图 2-1-2 所示。

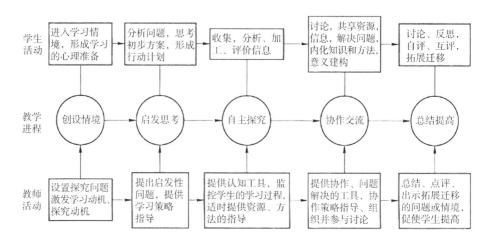

图 2-1-2　探究性教学模式框图

（2）探究性教学模式的内涵与特征

探究性教学模式是指在教师的引导下，学生能够发挥主观能动性，加强对知识点的学习，通过相互交流、相互分享、相互合作的方式更好地掌握相关知识点，完成课程所设置的情感和认知目标。情感目标是指学生通过学习能够培养正确的价值观、具备科学的态度、拥有良好的品德。认知目标是指学生掌握与教学内容相关的概念、知识点等。在推动 VR 技术和课程的紧密结合中，教育者可以借助探究性教学模式有效帮助学生掌握扎实的知识，拥有健康的情感，树立科学的价值观念。

探究性教学模式既充分发挥了学生的主体性，真正实现了学生是课堂主体这一目标，又有效发挥了教师的主导作用。具体表现在以下两方面：

①重视教师的主导性

探究性教学模式的显著特征是合作、探究、自主，更加注重和培养学生的主观能动性，但这并不意味着可以忽视教师的主导性。相反，在实施这一教学模式时更应当充分突出教师的主导性，其主要通过四个环节来实现。

第一，教师确定学习对象。探究性学习的开展需要围绕知识点，这是开展探究性学习的重要基础和有效前提，也是决定学习效果和质量的重要因素。因此，应当慎重选择。而知识点的选择并非由学生的心情左右，也非随意指定，而是需要教师充分结合对教学目标和教学要求的考量，结合学生的学习情况和教学进度后慎重选择的。

第二，教师设计探究前的启发性问题。为了更好地发挥探究式学习的效果和作用，教师需要在开展学习之前提出启发性问题，让学生带着问题进行思考，在相互交流、相互分析的过程中找到答案。启发性问题的设计并非易事，需要确保这一问题具有思考的必要性，对于学生而言应有一定难度，需要学生充分进行思考才能解答。同时还需确保这一问题能够与学习对象有相对紧密的关系，只有这样才能发挥启发性问题的作用和价值。

第三，教师需要在探究过程中给予必要的帮助和支持。探究过程主要是学生之间的互动和交流，充分发挥学生的主观能动性和主体性，但这一过程也离不开教师的帮助和指导。教师需要提供必要的探究工具，确保学生的探究活动能够正常开展。教师还应进行方法策略的指导，学生在探究过程中可能会存在方法和策略选择不当的情况，一旦存在偏差可能会直接导致探究性活动失败，这会严重影响学生的自信心和学习主动性。因此，教师必须加强适当引导，要确保学生在正确的道路上进行探究和合作，提高学生的学习自信心。

第四，教师要进行探究后的总结和提高。在探究结束后，学生需要进行个人总结或者通过小组的形式进行总结。在总结过程中必然会展示学生通过探究式学习活动所获得的心得和所看到的不足之处，这对于学生而言是非常重要的总结和提升过程。学生作为初学者，可能会存在一定的认知偏差或错误，虽然可以通过集思广益的形式进行弥补，但依旧可能存在一些不足。这就需要教师充分发挥其引导和帮助作用，结合丰富的教学经验和知识储备帮助学生进行总结，使学生对知识有更深刻的理解和认知，真正做到"知其所以然"。

②体现学生的主体地位

探究性教学模式更加突出学生的自主性，强调学生自主进行学习、研究、分析，通过小组合作加深对知识的理解，集思广益，共同完成教学目标。因此，这种方式能够调动学生的学习积极性，突出学生的主体地位，让学生充分发挥想象力，充分锻炼逻辑思维能力，在一定程度上是对学生创新意识和能力的培养。这一教学模式能否取得预期的成功最为关键的是在学习过程中能否充分凸显学生的主体地位。

在实施探究性教学模式的过程中除了要充分凸显学生的主体地位、调动学生的学习积极性和主动性，还需要有启发性问题、方法策略、教学资源等，这些要素是实施探究性教学模式的重要条件和基础，而这些内容的选择离不开教师的主导作用。只有教师和学生相互配合、相互协调才能真正实现教学目标。正因如此，"主导—主体"相结合是该教学模式最为核心且本质的特点。

（3）探究性教学模式的实施步骤

探究性教学模式主要包括以下五个实施步骤：

①创设情境

情景创设是开展教学、引入主题的重要前提和有效手段，也是充分吸引学生注意力、引导学生全身心投入当前课堂教学活动的重要保障。教师在创设情境的过程中可以采用多种方法，比如，可以通过创设与之相关的问题调动学生思维，可以通过播放与之相关的视频材料，可以讲述与之相关的故事等。情境创设的手段是多样的，但在创设情境过程中需要把握核心和关键，即所创设的情境必须要与所学习的主题有密切关系，只有这样才能发挥情境的作用和价值，也才能真正开展高质量教学。通过创设科学有效的情境能够更好地调动学生的学习主动性和积极性，让学生有强烈的求知欲，确保后续教学效果和质量的提升。

②启发思考

在通过创设情境的方式调动学生的学习积极性和探索欲望后，教师可以通过提出启发式问题的方式来引导学生思考，让学生带着问题投入到后续的学习过程中，这样有利于加强学生对知识点的理解和吸收，也有利于提高学习的方向性和目的性。教师设计问题时应当把握好问题的难易程度，若太过容易，学生不需要思考即可给出答案，将无法发挥其应有的作用和价值；所设计的问题还需与当前知识点有密切联系，确保学生在解答问题的过程中能够对知识点有更深刻的理解和认知。在思考问题的过程中，教师应当加强对学生的帮助和指导，如引导学生学会如何对问题进行分析解答，如何应用自己所拥有的资源和工具。学生也需要对教师给予的指导和提出的问题进行仔细思考和分析，明确自己在这一过程中所需要完成的任务和目标，通过主动思考构建初步研究方案。

③自主学习和自主探究

在自主学习和自主探究这一过程中，学生将借助学习资源和认知工具对问题进行思考。具体是指学生通过认知工具来搜集与问题相关的资料和信息，并对信息进行筛选、分析、加工和处理，在分析和处理过程中对新知识形成一定的理解和认知，完成对所学知识意义的自主构建。在这一过程中教师应当加强对学生的关注，应当适时给予帮助和指导，引导学生加强对认知工具的利用，确保学生能够更好完成自主学习和探究活动。

就当前的实施情况而言，在人文学科中实现VR技术和学科课程的融合要更加方便和简单，而在数理学科中会遇到一些困难。这主要是因为人文学科和数理学科本身的区别性，对于人文学科而言，学生可以通过上网查询资料的方式对问题进行分析和解答，但对于数理学科而言，仅通过上网查询这种方式很难完成探究过程，很多内容也并非可以通过网上资料就可进行解答，往往要通过某种专用软件工具才能确保自主学习和探究活动的有效开展。

④协作交流

协作交流过程有助于学生加强对所学知识意义的构建，是实施探究式教学模式的重要步骤和环节。学生在完成自主学习和探究活动后，可以通过小组沟通和交流的方式加强对问题的分析和梳理，在交流和协作过程中能够集思广益，从不同角度更加全面和客观地分析问题，同时还能学习他人解决问题的方法，从而整体得到提高。这一阶段的实施也需要教师的支持和帮助，需要教师提供必要的工具和指导，特别是对小组讨论过程中的技巧、遇到矛盾时如何进行化解等方面进行引导，确保小组讨论顺利开展。教师要加强对不同小组的观察，在必要时加强引导，确保小组讨论能够获得最终结果。

⑤总结提高

总结提高是实施探究性教学模式的最后一个环节，同时也是至关重要的环节。通过总结提高，教师能够帮助学生深化对知识点的理解和吸收，也能更好总结教学模式实施过程中存在的问题，从而不断优化和提高教学效果。在这一过程中，学生需要相互讨论，进行反思，还需要开展自我评价和相互评价，通过评价明确对自我的认知和对他人的认知，从而使每一个学生都能对自我有更深刻和全面的了解，明确未来学习过程中需要改进的方向。教师在这一过程中需要加强点评，特别是对学生在整个流程中的具体表现进行详细评价，对所学知识点进行总结和提炼，进一步深化学生的印象，确保学生对知识点有更深刻的理解和认知，还可以根据所学内容进行适当迁移拓展，给学生提供提升自我、锻炼发散思维的机会。

**（二）课外融合教学模式**

西方国家在 VR 技术和课外融合方面进行了非常多的研究和实践，其中最为著名且具有代表性的课外融合模式是 Just-in-Time Teaching 和 WebQuest，特别是后者，不仅在西方一些国家有非常深远的影响，在世界范围内也有较大的影响，备受认可和关注。想要在国内实施这一模式就必须要充分结合我国的实际国情，在其内涵和具体实施等方面进行一定修改和完善。国内类似于 WebQuest 的课外融合教学模式往往都被称为研究性学习或专题研究性学习。下面将对研究性学习和 WebQuest 两种模式进行详细分析和介绍。

1. 研究性学习教学模式

（1）研究性学习教学模式的产生背景与教学流程

研究性学习是我国教育教学改革过程中非常具有特色的内容和重要项目。最开始仅作为试点开展试验，通过试点实验的方式充分检验这一教学模式的实施意义和价值，进而不断推广到各大学校。这种教学模式能够充分围绕问题开展教学，通过研究和分析来解答问题，并在这一过程中不断调动学生的主动性，培养学生的创新思维，促进学生更好地发展。这一教学模式还能有效优化课程结构，提高课程内容设计的科学性与合理性，并不断推动教学方式的创新和发展。研究性学习最初只在高中阶段开设，是综合实践活动的重要组成部分，通过实施这一内容有效提高学生的综合实践能力。由于这一教学模式具有非常鲜明的优势和特点，能够和各个学科进行紧密融合，且在教师的引导和组织下能够充分发挥其作用和价值，成为非常高效高质的教学模式。因此，这一教学模式也在各级各类学校中逐渐被应用和认可，并迅速得到发展。

研究性学习往往围绕实际科研活动开展。具体是指在教师的指导和帮助下，学生需要从实际中选择某个问题来进行研究，在研究过程中需要充分借助多种手段和工具，获取相关知识和信息，并对所收集的信息进行整理和分析，从而解决问题。而基于研究性学习的教学模式则是指在教师的指导和帮助下，将研究性学习方式和学科教学进行紧密融合，从而构建的教学模式。

研究性学习是一种全新的学习方式，和传统学习方式相比具有明显的区别，教师在评价实施等过程中还需要进行创新和优化。因此，对于教师而言，这无疑是一项较大的挑战。教师需要根据教学目标和教学任务，基于研究性学习的特点和属性，探索最佳的实施途径和方法。对于已经建立健全了信息化基础设施的学校，要思考如何借助 VR 技术的特点和优势，引导学生在 VR 技术环境下开展更加科学合理的研究性学习，这是教师和学校必须要解答的重要问题，也是当前社会和国家的期许。

研究性学习教学模式在实施过程中主要包括五个环节，分别是提出问题、分析问题、解决问题、实施方案、评价总结。在解决问题这一环节中最为重要的是学生通过对信息的搜集、分析和处理，形成初步方案，对问题进行有效攻克，形成合理科学的解决思路，并通过小组合作等方式相互交流，优化方案。评价总结环节主要包括学生的自我评价、对小组成员的评价和教师针对学生及小组在具体活动中的表现的评价，同时教师还需要开展针对性的形成性和总结性评价，通过多种评价方式明确学生在参与这一教学模式时所呈现的水平和素质。研究性学习教学模式的教学流程如图 2-1-3 所示。

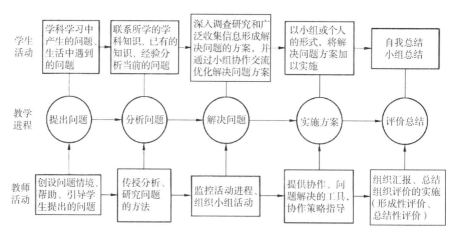

图 2-1-3 "研究性学习"教学模式框图

（2）"研究性学习"教学模式的内涵与特征

研究性学习是指在教师的引导和帮助下，学生选择实际问题进行分析和研究，通过多种工具搜集相关信息，通过对信息的汇总、整理和分析进而解决所选择的问题。

通过上述定义我们可以发现，在研究性学习活动开展过程中，教师是非常重要的角色，教师必须加强对学生的引导和帮助；而学生则是开展研究性学习的主体，需要充分发挥学生的主动性和自主性。同时上述定义也明确指出了研究性学习的具体内容和范畴，从实际中找寻问题，通过信息分析解决问题，这是开展研究性学习的实践意义。在研究性学习开展过程中，学生需要进行研究和探索，学生主动应用各种工具搜集相关信息，通过对信息的分析和处理来更好解答问题，这也表明这一过程非常注重培养学生的自主意识，培养学生的创新能力、问题分析和解决的能力。研究性学习开展的目的不仅是帮助学生加强对知识的理解和吸收，更为重要的是培养学生的问题解决能力、培养学生应用知识解决现实生活难题的素质。

研究性学习的教学模式具有非常鲜明的属性和特征：

①强调学习的研究性

研究性学习的内容和范畴是实际中的问题，可能源于社会生活，也可能源于自然环境，这是研究性学习开展的基础和前提。学生的知识和能力是通过对客观规律的分析和研究，在解决问题的过程中得到总结和提高的。

②强调学习的实践性

研究性学习非常注重理论知识和社会实践与自然环境的紧密联系，开展研究性学习需要充分凸显其实用价值和现实意义。因此，研究性学习的课题更多围绕生态问题、环境问题或者社会中的热点话题等，通过研究这些内容能够对环境保护、社会发展产生一定的积极影响，这是研究性学习最为重要的现实意义，也是开展研究性学习的重要目的。

③强调学习的体验性

研究性学习注重过程性，注重学生在参与过程中所获得的体验和感悟。之所以如此，是因为感性认识是人类全部认识的基础。按照马克思主义认识论的观点，人类所获取的认识都需要经过以下三个阶段：第一个阶段为感性认识阶段，这是认识的起始，也是重要前提和基础；第二个阶段为理性认识阶段，这是对认识进行升华和提高的重要阶段；第三个阶段为实践阶段，是认识具有现实意义的重要表现。同时还需要经历两次飞跃，第一次飞跃是指由感性认识逐渐形成为理性认识的飞跃，第二次飞跃是指将理性认识逐渐应用到实践中的飞跃。

④强调学习的自主性

研究性学习的整个过程都非常注重学生的自主性。不论是在主题选择还是在成果展示等方面，都是通过学生自主地学习、获取资料、分析研究而完成的。虽然这一过程离不开教师的指导和帮助，但教师更为重要的角色是引导者和组织者，他们仅提供帮助和支持，不会干预学生的决定、干扰学生的学习过程。

⑤强调学习的开放性

研究性学习更加突出学习的开放性。从研究主题到与之相关的学习内容都没有可直接参考借鉴的材料，也并非确定的知识体系。学生在研究过程中具有较高的自由度，且学生所研究的话题大多是源于社会热点或自然环境，因此，研究的开放性更高。然而这也意味着，学生的研究过程更加艰难，学生要不断探索和分析可能会遇到较多困难和阻碍，不断克服和总结提升，但这一过程会给学生更大的提高空间，让学生获得创新思维，对于学生的个人成长和发展非常有益。

（3）研究性学习教学模式的实施步骤

研究性学习教学模式主要包括以下五个实施步骤：

①提出问题

在提出问题阶段，教师需要通过情景创设的方式有效调动学生的学习积极性，激发学生的探索欲望，并引出学习主题，即实际问题。若学生刚开始接触研究性学习，可能对研究性学习的内容了解相对较为浅薄，这时可以由教师提出问题，学生进行分析和探究。随着学生参加研究性学习的次数逐渐增多，对研究性学习的实施步骤、研究方式等更加了解后，教师可以让学生根据自己的兴趣爱好或学习需要提出实际问题，再开展针对性的探索和研究，从而确保学生的自主性和主体性。学生想要提出实际问题就必须善于观察，善于从自己所生活的环境中和社会热点话题中观察和分析，并从中选择具有研究意义和价值的问题，有针对性地开展相关研究和探索。

②分析问题

在开展分析问题这一环节之前，教师应当适当进行指导和帮助，帮助学生了解更多关于分析问题和研究问题的方式方法。比如，教师可以向学生介绍由浅及深、由表及里、换位思考等的问题分析方式，让学生对问题有更深刻的了解和认知，这对后续阶段的学习有非常重要的作用；同时，可以向学生介绍研究方法，如访谈法、案例收集法、数据统计分析法等，从而帮助学生更好地选择特色化、多样化的研究方式，为问题分析和研究奠定良好基础；学生在应用过程中需要先掌握理论知识，掌握多种多样的问题分析方法和研究方法，再结合自己所选择的真实问题，有针对性地进行选择和应用。学生研究的问题大多是现实生活中真实存在的问题，往往较为复杂，涉及较多内容，因此，学生需要将问题进行分解，使之成为多个子问题，再根据此问题的实际情况有针对性地选择研究和分析方法。这一阶段能否获得成功的关键在于学生能否学会对问题进行分解，能否科学合理地将大问题分解为多个子任务。

③解决问题

解决问题主要包括两个环节，分别是提出初步解决方案和优化解决方案。提出解决方案的关键是对问题进行深刻剖析，明确问题的性质，确定问题的矛盾点所在，从而找到解决问题的关键方法，制定出问题解决的方案。想要确保方案的科学性与合理性，学生需要具备一定的知识和技能，同时还需要开展广泛的调查研究，通过问卷调查、个别访谈等多种方式有效确保信息的全面性和科学性。如果开展研究性学习的主体是学生个人，那么在提出初步解决方案时，可以由学生本人独立完成，通过多种工具搜集相关数据和信息，对数据和信息进行整理汇总和应用，从而提出初步解决方案；而解决方案的优化则需要通过学习小组来完成，由学习小组对初步解决方案的可行性、科学性等进行有效审核，并针对性地提出相关意见，从而帮助学生更好地优化和完善方案。若研究主体是学习小组，则需要学习小组共同努力，通过查阅资料等多种方式制定初步解决方案；对解决方案进行优化则需要全班同学来共同完成，在班内对解决方案进行分析和讨论并提出针对性的修改意见，使解决方案更加优化和完善。学习小组的具体活动可以通过小组长来进行具体安排，全班的活动则可以由班长来进行安排。

不管研究主体是个人还是小组，都需要教师的引导和帮助。教师需要对学生和小组进行观察，及时了解交流活动的开展进度和具体内容，对于确实需要教师指导和帮助的个人或小组，教师要及时进行帮助。但教师也需要注意把握好指导的度，不能影响学生个人能力和素质的提高。在这一过程中教师必须把握关键，要组织开展讨论交流活动，要确保讨论交流活动有结果和意义。

④解决实际问题方案

不论研究主体是个人还是小组，都需要完成实施方案这一步骤。学生想要确保这一环节的成功就需要做好形成性评价，要对实践环节和进度进行及时总结，不断反思，找到问题所在并不断优化，必要时对方案进行适当调整，以避免浪费较多的时间和精力却无法获得最终的结果。在这一过程中教师必须发挥指导作用，要给学生提供必要的支持和帮助，包括协作交流工具、问题解决工具等，确保学生的问题解决环节能够顺利开展下去。同时教师还要加强理论指导，特别是在协作学习策略等方面，要确保研究性学习顺利开展，从而获得成功。这一环节最为重要的是要做好形成性评价，并及时进行调整和优化。

⑤总结提高

总结提高涉及个人总结、小组总结和教师总结这三个部分。后者是在前者基础上依次递进的。个人和小组总结都应当包括研究成果的汇报展示和书面总结。研究成果主要是指问题解决方案、调研报告等；书面总结则包括研究背景、目标、研究方法、成果、不足之处等内容。教师在进行总结时应当更加注重全面性和客观性，要通过总结帮助学生对研究性学习内容进行梳理，从而形成更深层次的认知，特别是要帮助学生从感性认识逐渐过渡提升为理性认识，要让学生构建起更加科学完善的知识结构，要对知识有更系统的了解和认知。教师应引导学生做好个人总结和小组总结，这是学生自我总结和反思的重要体现，也能帮助学生更好地提高自己。

2.WebQuest 教学模式

WebQuest 是实施 VR 技术和课堂教学融合的重要模式。其实，从严格层面来讲，WebQuest 并不属于教学模式，而是一种教学设计流程模板。

（1）WebQuest 模式的产生背景

WebQuest 模式最早是由汤姆·马奇和伯尼·道奇所提出的，主要是指基于网络所开展的探究活动。在这种模式下，学生可以充分借助网络查询相关信息和资料，并对信息和资料进行整合，以此为基础开展探究活动。对于 WebQuest 的产生背景，伯尼·道奇用下面这段简洁的语言做出了准确的表述："美国的权威教育研究机构总结了全美对人类学习的研究，发现教育研究并没有做出人类学习方面的关键性的发现。在研究的过程中，大量的情境被剥离了，人工的成分很多，获得的研究结果对学校教育很难有切实的指导作用。真实的学校环境极其复杂难以控制，教学实验充满开放性和不确定性，往往存在多种合理解释，这就给研究结果的应用造成了很大困难。和学生学习需要支架一样，教师的教学设计能力的发展同样需要支架。在 WebQuest 中，给教师们提供了固定的结构、大量的规则和指导，教师们不需要从头开始设计，操作性强，容易去做。我想这是众多教师选择 WebQuest 的原因。"① 这也正是伯尼·道奇等人研究 WebQuest 的初衷与背景。

（2）WebQuest 模式的内涵和特征

WebQuest 的创始人认为这一模式主要是充分发挥学生的探究意识和动力，通过网络搜索相关资料更好地开展教学活动，在这一模式的应用过程中学生所获取的信息或查找到的资料绝大部分都是从网络中获得的。教师会给学生布置一项任务，比如让学生对某个问题进行解答或者让学生完成某项项目，这时学生会围绕这一问题或项目在网络中进行搜索，根据网络信息和资料的汇总，通过综合分析和判断得到解决方案。WebQuest 还提供了与之相关的设计模板和规则指导等，这一服务的提供使教师有效地提高了教学效率，深受教师欢迎，并在一定程度上有效扩大了 WebQuest 的应用范围和影响力。

WebQuest 的特征表现为以下三个方面：第一，WebQuest 的主题是需要完成的项目或问题，这一项目或问题往往是现实生活中存在的，都需要通过探索和研究发挥其实用性和现实意义。第二，在 WebQuest 模式的实施过程中学生所获得的信息绝大多数都是从网络中获取的，这一点与研究式学习存在明显区别，后者所需要的材料不仅仅是从网络中获取，更多是通过问卷调查、访谈等多种方式获得，因此，相较而言，后者对于学生的要求更高，所能达到的广度和深度也更强。第三，由于 WebQuest 的针对性服务，如指导信息、设计模板等，使这一模式的应用更加方便，也使大部分教师在使用时更加容易，能够扩大其应用范围和影响力。

（3）WebQuest 模式的实施步骤

WebQuest 模式主要包括以下七个步骤：

第一，设计合适的课程单元。在设计时，应当综合考虑、慎重选择，尤其是要考量是否与课程目标一致；能否取代你不满意的课程，解决课程令人不满意的问题；能否充分利用网络；能否帮助学生建立更深层次的理解和认知。具体可参照如图 2-1-4 所示的设计流程。

---

① 远新蕾，赵杰，陈敏 . 信息技术支持下的课堂教学 [M]. 北京：冶金工业出版社，2017.

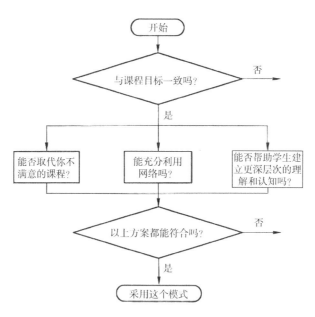

图 2-1-4　课程单元的设计流程

第二，选择能促进高级认知发展的任务。按照 WebQuest 创始人的观点，编写新闻、复述、劝说等都属于推动高级认知发展的任务。任务是 WebQuest 的模式中非常特殊和重要的组成，也是开展探究活动的重要前提和基础。因此，必须要加强对任务的设置，在设置过程中要使任务具备可探索性，要有研究的意义和价值，要能够具备吸引力，有效调动学生参与的积极性和主动性，要能引发学生思考，帮助学生获得思想和认知的提高。可以参照表 2-1-2 所示制定任务。

表 2-1-2　能促进高级认知发展的任务建议

| 任务类型 | 任务描述 |
| --- | --- |
| 复述 | 要求学生对信息进行捕捉并通过自己的方式进行陈述，以确保学生确实掌握了该信息。学生可以通过网页、PPT 等方式进行复述 |
| 汇编 | 要求学生从原始资料中对信息进行提取和收集，通过一定形式进行汇编，可以将自己所汇编的结果上传到网络中，也可以通过其他途径进行展示。在汇编过程中，学生能对材料进行理解和吸收 |

续表

| 任务类型 | 任务描述 |
| --- | --- |
| 神秘性任务 | 充满神秘色彩的事物往往能够激发人们的探索欲望，因此可以通过将学习主题蕴含在充满神秘色彩的故事中这种方式有效调动学生的参与热情。这一方式往往适用于小学阶段，在成人阶段也可以适当进行使用 |
| 撰写新闻 | 要求学生扮演新闻记者的角色，根据自己所获取的相关信息进行编辑，以符合新闻体裁要求的形式进行表述。在表述时要充分突出准确性和真实性 |
| 设计 | 给定一项任务，要求学生制订切实可操作的具体计划 |
| 创造性作品 | 学生通过绘画、论文等多种形式将自己的学习和探究进行成果展示。这种形式更加侧重检验学生的自我表达和创造能力 |
| 达成共识 | 每个人所具备的价值观念不同，对事物的看法和认知也存在区别，人与人之间沟通和交流过程中必然会存在分歧，学生必须学会处理这种问题，这对于团队合作有非常重要的影响。这一任务的目的和本质是培养学生表达自我的能力，引导学生主动思考，学会理解他人、包容他人的观点 |
| 劝说 | 在人际沟通和工作过程中都会存在观点不一致的情况，有时自身的观点是正确的，他人的观点是错误的，为了更好地推动工作就有必要对他人进行劝说，因此培养劝说的技巧非常重要。可以设置情境让学生承担不同角色，说服他人同意自己的观点 |
| 认识自我 | 通过 WebQuest 可以加强对自我的理解和认知。在教师的引导和帮助下，通过网络的途径来有效获取信息。"我长大了做什么"是非常具有代表性的案例，学生可以对自我进行认知并结合自己的优缺点制订未来的发展计划和目标 |
| 分析 | 对事物本质和事物之间的相互联系进行认知是非常重要的能力和素养。分析任务就是为了更好引导学生具备这种能力和素质。要求学生对某一事物进行关注，找出这些事物的核心和本质，找出其典型的特征和优缺点，找到这一事物和其他事物之间的个性和共性，并分析这些因素分别代表什么含义和问题 |
| 判断 | 只有对事物具有正确的判断，才能做出正确的选择，也才能真正解决问题，因此，学生必须学会对不同事物的核心和本质进行鉴别，对自己当前所处的处境和所面临的问题进行分析和判断，这些能力和素养对于个人成长而言非常重要。判断任务就是要求学生能够按照评价指标对所给定的事物进行排序选择 |

续表

| 任务类型 | 任务描述 |
| --- | --- |
| 科学任务 | 科学是推动人类社会发展的主动力，科学已经深入影响到人们生活中的方方面面，培养年轻人对科学的认知和热爱是非常重要的。网络可以将科学的发展历程和最新科研成果更好进行呈现，也可以构建虚拟环境用于助推实验的进行，因而可以通过设计科学任务来实现对学生的培养 |

第三，开始网页设计。为了更好地提高网页设计效果，WebQuest 向广大教师提供设计模板。模板具有非常显著的特点和优势，能够囊括 WebQuest 的基本结构，能够有效简化设计过程，提高使用的简易程度。

第四，形成评价。在评价过程中，教师应当明确评价指标，这样便于对评价内容进行梳理，也可以结合评价标准对任务进行优化和修改。

WebQuest 的模板提供了部分评价指标，根据这些指标只需要完成以下工作：一是提出评价维度，教师可以根据维度的提出，有效表达自身在工作过程中应用 WebQuest 的具体需求，同时也能更好地反馈学生行为。二是选择评价维度，在第一个过程中可能提出了较多的评价维度，但并不是所有评价维度都适用，在第二个环节主要是选择最为合适的指标，没有明确的规模要求，只需要贴合实际情况即可。形成性评价涉及的维度较多，总结性评价涉及的维度较少。三是给出评价标准，这是评价过程中的最后一个环节。

第五，制定学习活动过程。如表 2-1-3 所示，学习过程体验表可以帮助学生更好地制定切实有效的学习活动。该检验表具有较强的实用性，既充分考量了学生自主学习或与他人合作的经验，也充分考量了学习主题的多面性。

表 2-1-3  学习过程检验表

| 问题 | 解决方式 |
| --- | --- |
| 所选主题存在冲突且可以借助网络来进行方法搜索和确定 | 进行角色分配，引导学生找到与之相关的材料 |
| 学生不善于合作 | 给学生充分空间让学生自主决定、分配角色 |

| 问题 | 解决方式 |
| --- | --- |
| 问题复杂性相对较高且对于学生而言不够熟悉 | 给学生提供一定材料，帮助学生对这一问题有初步的了解和认知 |
| 学生具有独立工作经验，只要能够检索到相关信息或材料就可解决问题 | 提供资源支持 |
| 某了任务对于部分学生而言并不熟悉 | 提供必要指导 |
| 学生能够在充满分歧和不一致意见的情况下通过交流和互动达成一致 | 将学生进行分组，每组中都包含持有不同意见的学生，教师加强关注，在必要时提供帮助 |
| 学生能够独立解决意见不统一问题 | 将学生分成若干组，每组都包含意见不统一的成员，让各组进行单独汇报，通过全班共同讨论的方式加强对意见的综合 |

第六，用文字对活动内容进行记录。

第七，检查并改进。

伯尼·道奇提出了上述七个步骤，但在实际应用过程中并不用按部就班地严格按照这七个步骤开展实施，需要有针对性地进行灵活调整。教师在实践应用过程中要结合实际情况灵活进行选择，不必拘泥于形式，而应当立足于实际、注重实用性和实用价值。

## 四、基于 VR 技术的沉浸式课堂教学

VR 技术在教育教学过程中的应用更加广泛，给学生提供了更别样的教学服务和体验。结合课程内容搭建沉浸式体验区，配备相关的设备，让学生能够沉浸式地投入到学习过程中，加强对相关知识的理解和吸收，通过 5G 网络发展和有效支持能够有效突破时空限制，让学生随时随地都能借助网络开展学习。

### （一）5G 网络的课堂教学

5G 网络具备低延时、速度快等特点，这些特点使应用 5G 网络开展教学更

加方便快捷，借助人工智能技术、VR 等多种技术手段，有效实现远程互动教学、沉浸式体验教学等活动。当前基于 5G 网络所构建的应用主要包含 5G 智慧学习终端、5G 虚拟现实课堂等，这些应用有效实现了网络和教学之间的紧密结合。

5G 网络的应用能够有效提高学生的学习积极性和主动性。借助 5G 网络能够将教学内容储存并在手机端呈现，课程内容会按照逻辑顺序进行排列，每个课程会对应不同的二维码。学生想要开展学习，只需要扫描二维码即可获得课程内容。为了更好地检验学生的学习效果和质量，教师还可以对学生开展线上检测，将测试结果上传到系统中，以备查询和应用需要。

**（二）沉浸式课堂教学环境**

在课堂教学中创造沉浸式课堂教学环境，学生可以配备相关设备进入其中，系统会对相关数据进行采集，学生在完成沉浸式教学后即可退出教学环境，这时，与环境产生的交互数据将实时上传到分析软件，相关数据可以作为参考和支撑，同时，分析软件也会对数据进行保存，储存到后台数据库中。

**（三）VR 技术与"教育电声系统"课堂教学**

1. "教育电声系统"课堂教学的原理

通过 VR 技术能够对电声世界进行仿真，从而营造良好、逼真的测试环境。学生作为参与者在其中扮演相应的角色，在一定程度上能够有效提高学生的学习热情，也有助于解决教学重点和难点问题，从而有效提高整体的教学效果和质量。

借助交互式 VR 声学系统软件平台能够构建剧院等虚拟环境，学生可以在虚拟系统中通过调整相关参数进行声学设计。对相关参数值进行临时调整，可以让学生直观感受参数值变化所带来的影响和效果。这种教学方式能够给学生带来强烈的冲击，也让学生对知识点有更深刻的了解和认知。而且，这种方式对于环境或教学工具的要求相对较低，学生不必亲自到剧院等反复进行测验，而是可以通过平台随意设计，设计的自由度大大提高，在设计过程中也能更好感受设计的魅力，加强对设计的了解和认知，从而有效提高室内音质设计的效果和质量。

2. "教育电声系统"课堂教学模式改变

将 VR 技术融合到"教育电声系统"中，通过问题探究、混合学习等方式来开展教学，从而有效提高教学效果和质量，优化和提高传统教学模式。这种教学方式能够充分发挥 VR 技术的作用和价值，有效激发学生的积极性和主动性，提高其学习动力和热情，还可以对重难点问题进行直观呈现和展示，有助于学生加强对知识点的理解和吸收，提高教学效果和质量。

3. "教育电声系统"课堂教学效果评价

通过引入 VR 技术，学校能够将线上教学和线下教学进行紧密结合，从而有效提高教学的效果，更能充分发挥 VR 技术所具备的优势和特点，有效推动教学模式的发展。根据已有的教学评价来看，目前 VR 技术的应用已经展现出显著的优势和特点，也获得了大部分人的认可。

# 第二节 VR 技术与学习投入的关系

学习投入是学生在学习过程中表现情况的重要参考指标，也是人们当前非常关注的问题。学习投入是学生在课堂中是否能够始终保持饱满的精神状态，集中注意力投入到学习过程中，主要表现在专注、奉献、活力三个方面。学习投入是衡量学生的重要指标，学习投入指在一定程度上能够衡量学生的课堂表现，也能预测学生的学业成绩，同时该因素还是衡量学校教学氛围和学习风气的重要指标，更是评估学校教学质量的重要因素。因此，学校通过对学习投入这一要素的分析和研究能够有效提高学校的整体风气和教学质量从而提高学生的学习状态和成绩。

通过了解 VR 技术与课堂教学的融合对学生学习投入的影响，来讨论基于 VR 技术的混合学习环境是否会对学习者的兴趣、注意力和互动产生积极影响，对有效提升学生的学习投入具有非常重要的意义。

## 一、学习投入的表征及内容

学习投入也可称为学习输入，是指学生投入在学习上的时间和精力等，这里所指的投入是指抽象化、深层次的而非表面的投入。比如，学生在学习中所花费的时间并不足以衡量学生的学习投入状况，而应当通过学生在课堂教学过程中是否投入、投入的程度、在做作业时是否用心等方面来进行衡量。只有保障真正的学习投入，才能确保学生加强对知识点的深刻理解和认知，在学习过程中才能体验到成就感、满足感、获得感，才能在学习过程中体验到面对困难、挫折时的迷茫，学会某一知识点时的兴奋激动和突破困惑时的豁然开朗等情绪情感。

学生的学习投入包括四个维度。第一个维度是学习状态，指学生在学习过程中所持有的学习热情，在面对学习中的困难和挫折时所保持的积极向上的状态。第二个维度是学习韧性，指学生对于自己的学习有明确的规划和目标，在面对困难或失败时能够进行积极的自我暗示，善于借助外界的鼓励和帮助，持续投入学习过程中，直到获得成功、达到目标。第三个维度是学习态度，指学生在学习过程中始终保持不疲倦、不厌倦的状态，能够为了达到学习目标而不懈努力和奋斗的态度。第四个维度是学习感受，指学生在学习过程中能够从中获得的骄傲、自豪等感觉状态。

### （一）学习投入的表征——行为投入

学习投入理论认为行为投入是构成学习投入的重要维度，除此之外，还包括情感和认知投入。行为投入是其中最为基础和重要的构成，是最能够被观察到的外在表现。行为投入指学习者为了达到学习目标、实现学习任务而付出努力的行为。李爽等学者认为，行为投入可以理解为在学习过程中所投入的时间、精力、努力。

学生和学习系统或媒体之间所产生的交互行为，实际上也属于学习投入，都是学生在学习过程中所付出的努力以及投入的时间和精力。朱红灿等学者指出，学生在使用学习系统或媒体的过程中能够体会到学习系统或媒体所反馈的作用和价值，能够感受到其对学习的影响，因此，这在一定程度上也能使学生对学习系统或媒体产生认可度和归属感，感受来自教师或其他同学的认同，明确学习过程中所想要实现的目标或所具备的动机，选择更加科学合理的学习策略。2013 年，马库斯·李·约翰逊和盖尔·辛纳特拉通过研究表明，学习任务行为投入与概念形成之间关系的研究具有非常显著的优势和意义。行为投入在一定程度上对于学生的学习效果和质量以及学生所能达到的学习高度有非常重要的影响。

也有学者指出，学习行为主要包括人际关系、个人特质、环境这三个因素。其中，环境是影响学习行为的最为重要和关键的因素。在多媒体环境下，学习媒体是环境因素中最为重要和最为突出的组成部分，学生置身不同媒体形态中会有不同的交互行为，也就是说可以借助对媒体的优化和设计进而影响学生的学习行为。因此，通过对学习媒体中不同行为投入方式的研究，能够有效探索提高学生学习效果和质量的良好途径和方式。

### （二）学习投入的内容——深度学习

#### 1. 深度学习的内涵

1976 年，罗杰·萨尔乔和弗伦斯·马顿发表了《学习的本质区别：结果和过程》这一著作，认为学习加工活动分为浅层和深度两种，并由此提出了浅层学习和深度学习的概念。后来，国外诸多学者也对深入学习进行了不同层面的分析和研究。国内也逐渐意识到深度学习研究的必要性和重要价值，开启了相应的研究，不断填充理论成果。

深度学习是对知识进行复杂性处理和加工的过程，其实质和内在是指非结构性和结构性知识相互作用的过程。深度学习并非简单的事情，需要学习者花费较多时间和付出较多努力，需要在学习过程中结合原有知识，通过构建新旧知识之间的联系实现知识迁移整合和创造。深度学习这一概念的提出是对传统学习的有效冲击，学习不再仅仅是记忆和背诵，而是更加侧重高阶思维的培养和拓展。深度学习是指学生在学习过程中保持着批判性的思维，更加突出主体性和主动性，主动对新知识进行理解和吸收，并且站在更高角度上对知识进行消化和应用，能够将知识进行迁移和拓展，应用知识解决复杂问题，突出创新性和实践性。

深度学习和有意义学习存在明显区别，前者以理解为起点和基础，而后者则以新旧知识之间的关联为起点。因此，可以说后者是前者开展的重要前提和有效基础。

如何判断学习者是否进入深度学习，主要是观察其是否能够基于理解开展高于知识原始形态的加工和应用。学生在开展深度学习的过程中能够更好地利用知识解决实际问题，在解决问题的过程中实际是培养了学生的思维逻辑，形成了解决问题的能力和素质，而一旦具备这种能力，无疑意味着学生可以有效开展迁移和应用，大大提高了个人素质和水平。

2. 深度学习的评价

浅层学习和深度学习之间存在明显区别，其中最大的区别为学习结果。除此之外，还有其他内容方面的区别，比如学习投入程度、视觉加工等。

也有观点认为，这两者之间存在的区别主要发生在高阶思维阶段，在其他阶层并不存在明显区别。也就是说，如果学生在开展学习过程中没有迈入高阶思维阶段，则不能称之为开展深度学习，或者说每一个学生都有迈入深度学习阶段的能力和素质，只取决于学生能否继续加工，逐渐朝高阶思维阶段迈进。本书对这种观点并不认同。

这两者之间在早期阶段的学习行为特征就存在着非常明显的差异性和本质上的区别，深度学习主要体现出学生的主动性、自发性。深度学习效果的评价主要包括以下三方面内容：

（1）新知理解

对知识点进行理解并不能称之为深度学习，只有开展高层次的深入理解和掌握，才能被称为深度学习。所谓新知理解主要是指对技能类、事实类等知识的深层次理解和掌握。如何判断学生是否掌握新知识，主要是看学生是否能够将新旧知识进行紧密联系，是否能够构建与之相关的认知结构，是否能够呈现出准确性和稳固性的特点。新知理解是以意义学习为基础的意义构建。

（2）内部关联迁移

内部关联迁移主要是指对新知识的内部结构开展思维加工，主要包括脱离知识原有形态的迁移、基于知识原有形态的问题解决等。

（3）外部拓展迁移

外部拓展迁移主要是指学生脱离新知识结构限制，面对更复杂、更综合的问题开展知识迁移，应用知识解决实际问题。这些问题往往都源于实际生活，是真实存在的。

## 二、基于 VR 技术的行为投入与深度学习的关系

### （一）行为投入可以作为深度学习的研究变量

行为投入是对绩效进行预测的重要参考和标准，在一定程度上将直接决定最终学习效果，可以认为行为投入在一定程度上与行为结果呈正相关。将投入作为自变量，深度学习效果作为因变量开展实验具备可行性和可操作性。

行为投入是重要的投入因素，在虚拟现实环境中，学习者的深度学习效果是否受到行为投入的影响、如何检视其影响机制与影响程度都值得深入探究，也备受学界关注。深度学习效果评价模式的构建以新知理解为基础，并细化出内部关联迁移和外部拓展迁移。基于虚拟现实环境，通过认知行为研究和眼动行为研究相结合的方式，用前者来表征深度学习效果，用后者来揭示相应机制，通过实验可以发现行为投入一定程度上能够有效推动深度学习，更好实现内部关联迁移和外部拓展迁移。这一研究成果，为设计满足深度学习需求的学习环境与学习媒体提供了依据。

### （二）学习投入理论明确行为投入促进深度学习

格雷格·基尔斯利提出了投入学习理论，以贡献、创造、合作作为重要标志和内在原则。这一理论所倡导的合作原则在一定程度上与深度学习所突出和强调的交互、主动相吻合。该理论的创造性原则认为学习活动是一项非常具有创造性的活动，这与深度学习提倡创新创造的最终目的相吻合。

VR 技术能够营造更加真实、贴合情境需要的环境和氛围，能够让学生身心投入其中，提供问题分析和解决的环境和场所，从而在一定程度上有效帮助学生

加强知识的构建。VR 技术的三个基本特征，即沉浸感、交互性和构想性是与教育发展方向相符合的，它让学生完全沉浸于知识情境中，通过师生间和学生间的互动来激发其想象力，从而形成一种积极主动学习的良好状态。

**（三）行为积极性为深度学习创造基础**

学习活动始于主动的意义加工。主动学习包括两种特征，分别为认知积极性和行为积极性，如表 2-2-1 所示。

表 2-2-1　主动学习的两种类型

| 行为积极性<br>认知积极性 | 低 | 高 |
|---|---|---|
| 低 | 无法促进有意义学习结果 | 促进有意义学习结果 |
| 高 | 无法促进有意义学习结果 | 高度促进有意义学习结果 |

从中发现，当行为积极性和认知积极性都处于较高水平时，能够高度促进有意义学习结果。因此，当保持高度的行为和认知积极性时，则能更好地推动深度学习的开展。探讨深度学习和认知、行为积极性之间的关系是非常重要的，也是具有非常显著现实意义的。

投入是衡量行为积极性的重要标准和因素，具有较高行为积极性的学生能够在学习过程中提高自制力，对学习有规划和部署，使自己更专注地投入到学习过程中，在学校和其他环境中加强与同学之间的沟通和交流，始终保持高度的专注力，保持高度积极性和学习热情，克服困难，应用自己所学习的知识来解决实际问题并且做出科学、公平、合理的评价。这种行为投入是开展深度学习的必要条件。

有研究提出，学生的学习氛围会显著地影响学习投入水平。特别是学生的学习体验会对学习投入产生重要的影响，相比于消极的学习体验，积极的学习体验更能够提升学生的学习投入程度。VR 技术通过 3D 交互技术为学生构建学习情境，从而让学生在身临其境的体验下完成知识的建构，能够为学生带来愉悦的学习体验和积极的学习过程。这种积极的学习过程有助于激发学生的学习和探究欲望，使学生从内心深处真正掌握所学的知识点并加以应用，从而提高学生的学习投入水平。

### （四）基于问题的行为投入促进深度学习

问题设置能够更好地帮助学生发散思维，让学生带着问题和任务开展学习，有效提高学习效果和质量，使学生保持较为纯粹的学习动机，能够更加专注地投入学习过程中。在这一过程中，学生的注意力水平在一定程度上直接影响信息加工效果，只有提高注意力才能更好地处理和加工信息。基于问题的行为投入，其本质是通过"掌握学习策略"给学生提供一定的条件，让学生对于整个学习环节和流程进行回顾和总结，并对学习效果进行有效分析和评价；基于问题的行为投入能够有效促进学生的思维发散和成长，帮助学生形成较高较强的认知能力，使学生能够更好地借助所学知识独立分析问题、解决问题。

在对学生学习投入的研究中发现，当学生的学习自主性增强时，提供和学生解决问题能力匹配的、恰当的学习问题能提高学生的学习投入水平。良好的学习氛围和支持性的师生共同解决学习问题的关系与学习投入也呈现显著的正相关。VR 技术创设的学习环境强调为学生提供自主的交互性学习和解决学习问题的过程，从而可以使学习氛围和师生关系更为融洽。

### （五）行为投入对学习效果影响显著

社会存在感是指在与媒体进行交互时所能感受到的真实感。当学生在学习时，如果感受到非常孤独，可能就会影响学生的学习积极性和主动性，也影响学习效果。行为投入则能对这一机制进行有效控制，能够帮助学生始终保持高度的热情，能够充分调动其学习动机，让学生更加积极主动地对学习制定规划，加强对问题的分析和探讨，呈现自己的学习效果并且获得满足感和成就感。比如在虚拟现实环境下，通过师生交流能够帮助学生感受到真实性，也能提高学生的学习效果。因此，在社会存在感理论的指导下开展的行为投入能够有效提高学习质量。

## 三、基于 VR 技术的学习动机与学习投入的关系

基于 VR 技术创设的教学情境不仅可以促使学生自主探索、自由交互，还能够有效地激发学生的学习兴趣和动机，及时获取相关评价能够更好地帮助学生对学习活动进行反思和总结。3D 全沉浸式的学习环境能够帮助学生提高其学习积极性和主动性，加强对所学知识点的深刻记忆，从而提高学习质量。基于桌面 VR 学习环境中影响学习的因素模型也充分表明，在学习过程中所涉及的认知、动机等在一定程度上都会直接影响学习成绩。

在对学习动机和学习投入的研究中，部分学者将动机分为深层动机和表层动机，并发现前者比后者对学习成绩的影响更深远；也有部分学者将动机分为内部、外部两种，并表明内部动机可以正向影响学习成绩，他们认为内部动机能够使学生明确学习目标，产生良好的学习结果，从而获得更好的学习成绩（学习成绩通常可以作为学习投入水平的一种体现）。这表明学习投入和学习动机之间呈现正相关的关系，即当一个学生拥有更旺盛的学习欲望和动机时，能够更加积极主动地开展学习，也能够提高学习投入水平。

为了清晰地观察虚拟现实教学环境（VRLE）对于学生学习投入水平的影响过程和作用机理，将 VRLE 设置为前置变量，将学习投入设置为结果变量，将学习动机设置为中介变量，构建了结构方程模型，如图 2-2-1 所示。

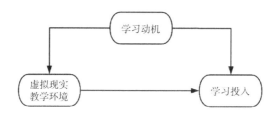

图 2-2-1　结构方程模型

# 第三节　VR 技术对学习投入的影响

21 世纪，教育的核心目的已逐渐转变为促进每个人的终身成长及发展，强调的是如何有效地提升学生的学习成效，确保他们能够掌握适应时代需求的关键技能。教育的进步不仅依赖技术的支持，更需要教育观念和教学方法革新的共同作用，以寻求和探索有效的解决路径。在众多创新技术中，VR 技术在教育领域的运用尤显重要。它通过提供沉浸式体验、营造一个安全的实践空间以及强化高效率的技能培训。VR 技术的这些显著优势不仅积极地回应了现代教育所面临的诸多挑战，对教育未来的发展趋势也产生了积极而深远的影响。进一步说，深度学习作为一种创新的学习范式，激发了学生成为自我驱动的终身学习者，推动了他们在认知能力、人际交往能力和个人成长等关键领域的全面发展。该学习模式重视培养学生的多方面能力，包括但不限于知识掌握、批判性思维、解决复杂问题的能力、团队协作、有效的沟通技巧、自我驱动学习以及持之以恒的精神。借助VR 技术的强大支持，深度学习不仅能够在学生的生活中以全新的形式出现，还开辟了探索终身学习和实现个人潜能成长的新途径，极大地促进了有意义的学习体验和知识理解的深层次转变。

## 一、VR 技术与深度学习衍生出 VR 学习

### （一）虚拟现实教育领域中的深度学习

在"十二五"计划期间，科技部积极推进了一系列与 VR 和数字媒体相关的研究项目，覆盖了从 VR 技术的显示、内容感知、智能处理、创作到呈现、交互等多个方面。为此，国家部署了众多的国家级研究项目，标志着 VR 技术在军事、公共安全、工业设计、医疗、城市规划、交通以及文化教育等众多领域和行业的广泛应用和深入发展。进入"十三五"时期，规划纲要进一步强调了创新和产业化的重要性，尤其是针对 VR 等十二个新兴和前沿技术领域。该阶段的目标是通过这些领域的发展，培育出多个经济增长新动力，从而推动技术创新与产业升级。

随后，"十四五"规划和 2035 年远景目标纲要将"虚拟现实和增强现实"技术明确纳入数字经济的关键产业之列。该计划提倡数字化转型，以全新的生产方式、生活方式和治理方式，引领经济社会全面进步。这一转型不仅将激发新产业、新业态和新模式的涌现，而且为经济发展注入新的动力，展现了国家对于 VR 技术未来应用和发展的高度重视和坚定信心。

当前，VR 技术之所以备受瞩目，很大程度上源于人们对打破时间和空间的限制以获得即时体验的向往。这项技术开启了一个全新的世界，让人们能够穿梭宇宙、深入大海，探索大自然的奥秘。与早期依靠屏幕角色扮演来实现交互的 VR 相比，如今的 VR 技术得益于软硬件的显著进步，为用户提供了一个通过投影设备实现的完全沉浸式的感官体验。手柄的引入，进一步增强了用户的立体交互体验，让人们能够全方位地与虚拟世界互动。随着智慧环境的不断发展，VR 技术在智能互动、环境整合的友好性以及提供高质量体验方面获得了显著的优化和改进。现在，随着混合技术的涌现，传统的投影设备已经演化为更为轻便的眼镜式装置，操作手柄也升级为更为直观的交互式触笔，用户能够在特定的范围内与现实世界进行更自然的互动。未来，随着 VR 技术在深度学习方面的不断进步，我们有理由相信它将为人类带来更多的惊喜和可能性。

1. 深度学习的教育意义

深度学习的发展史可以追溯到 2011 年至 2014 年，SDL 项目在深度学习领域的研究尤为突出。通过其研究，深度学习被精细地划分为多个层次，具体到三个维度与六个方面。这种分类不仅清晰地界定了深度学习的范围，而且还设定了学习的成果与目标。此外，黎加厚等学者对深度学习进行了深入探讨。他们特别强调了深度学习与表面学习的区别，重点在于对新知识的深入理解、对已有知识和经验的批判性分析以及批判性思维技能的发展。

据 1977 年世界知识产权组织发布的《供发展中国家使用的许可证贸易手册》，所有能促进经济发展的科学技术知识都被视为关键技术。在这个框架下，深度学习技术的重要性不言而喻。它通过不断的迭代更新，利用批判性思维将过去的知识与新的环境相结合，不仅推动了知识的应用，也为理解和解释各种现象提供了新的视角。随着移动互联网、物联网、人工智能等前沿科技的迅猛发展，深度学习技术的进步轨迹被进一步证实。这些领域的快速进展不仅体现了技术创新的重要性，而且展示了持续创新的动力。

深度学习概念的初衷是为了更好地适应 21 世纪对人才培养的新需求。随着时代的发展，社会对人才的要求也在不断地发生变化。深度学习正是在这样的背景下应运而生的。它不仅是一种教育方法的更新，更是对学习理念的一次革新。根据国家研究委员会（NRC）对学习成效的定义，深度学习着重引导学生通过渐进式的学习达成一系列的教育目标。这些目标既包括了知识的掌握，也强调了技能的培养，如批判性思考、解决问题的能力、协作与沟通能力以及自我驱动和坚韧不拔的精神。实现这些教育目标，不仅仅是学生个人努力的结果，更是教育系统整体配合的产物。学校需要在物质和精神两方面提供支持，包括先进的硬件设施和丰富的软件资源，以及一个促进学生深度学习的环境。教师在这一过程中扮演着至关重要的角色，他们需要设计合理的教学计划，采取有效的教学方法，并与学生建立良好的互动，鼓励学生主动参与学习过程。此外，学生之间的相互合作也是不可或缺的，这有助于建立团队精神，同时也能通过不同的视角和思维方式，加深对知识的理解和掌握。总之，深度学习的实施，是一个复杂且系统的工程，它要求教育者、学生以及教育资源的有机结合与共同配合，以培养出能够适应未来社会发展需求的高素质人才。通过这样的学习过程，学生不仅能够掌握必要的知识和技能，还能够培养出一种持续学习和不断探索的精神，为他们未来的发展奠定坚实的基础。

2. 虚拟现实教育的发展

VR 技术正在教育界引起革命性的变化，其重要性与日俱增。这种技术不仅为教育和学习提供了全新的体验，还正成为塑造未来教育景观的关键因素。随着VR 技术的持续发展和广泛应用，VR 技术重新定义了教育的方式和内容，对教学方法和学习过程产生了前所未有的影响。VR 技术能够提供独特的学习环境，让学生以前所未有的方式深入理解和掌握知识，这与 21 世纪对创新人才的需求完美契合。VR 技术创造的沉浸式学习环境，不仅激发了学生的创造力和创新思维，还促进了他们的实践能力和问题解决技能的发展。此外，VR 技术在加强学生之间的合作与沟通方面发挥了巨大作用，这对于培育具有良好团队协作精神和沟通能力的人才至关重要。通过模拟真实的协作场景，VR 技术为学生提供了一个平台，让他们在虚拟环境中实践和提升合作与沟通方面的技能。

VR 技术应用的不断拓展使学习过程更加丰富和多元，解除了学生在追求知识时面临的外部约束。VR 技术的引入不仅促进了学生的主动探索和自我反思，还鼓励他们自我管理学习进度，遵循个性化的学习路径，这些都是深度学习过程中不可或缺的要素。

近年来，在教育领域的创新与发展中，VR 技术扮演着极其重要的角色。它通过引入虚拟实验室和虚拟课堂等新颖元素，极大地丰富了传统教学模式。这种技术的运用为教育注入了活力，满足了 21 世纪学生全面发展的要求，旨在培养能够适应社会快速变化的新一代人才。新型的软硬件工具以及智能学习环境的结合，为学生提供了深入学习的机会，而 VR 技术在其中发挥了不可替代的作用，提供了必要的硬件支持，创建了支持的学习环境，并带来了优质的沉浸式交互体验。

VR 技术的应用不仅促使教育模式、环境及教学流程等基本要素及其相互关系发生了革命性变革，还显著提升了教学效率与学习成效。VR 技术在教育上的广泛应用显示了它在促进教育创新中的独特优势，引发了教育形态、教育环境以及教学过程等方面的根本变革。这些变化往往是在特定的教育理论指导下进行的，对于推动当代教育理论中倡导的学习观念产生了深远影响，并促进了学习方式的根本转变。因此，深入探索如何利用 VR 技术创建更有效的学习环境，如何通过高度的参与和自我评价机制提高学习效果，以及如何实现学习者的自主学习，成为教育技术领域工作者重点关注的问题。

### （二）基于深度学习能力框架的 VR 学习

加拿大教育学家迈克尔·富兰对深度学习有着深刻的见解，他强调，深度学习真正的目标是通过教育的旅程，帮助学生成为一个在身心上都健康、综合能力全面提升的人。这一教育理念与过往的传统形成鲜明对比，它呼吁利用更新颖的学习环境和更为先进的技术手段，以达成深度学习的目的。2016 年，VR 技术在各个领域取得了显著进展，不仅包括电子游戏、电视节目、体育赛事的直播、娱乐视频和商业推广，还扩展到了艺术设计、医疗、机械自动化和军事教育等专业领域。在这些领域中，VR 技术展示了其无可比拟的优势，特别是在培养批判性思维和创新能力方面。这些技能是当代教育体系下每位学生都应具备的核心素质，也是深度学习努力达成的主要目标之一。在此背景下，VR 技术的独特应用不仅展示了其在深度学习领域的实际价值，也凸显了其深远的教育意义。

在 21 世纪的教育背景下，针对学生的智慧教育体系提出了一种新的教育范式，旨在满足学生持续自我发展的需求。特别是 CIT（数字技术与创新概念的紧密结合）成为智慧学习环境的核心，对于支撑智慧教育的技术需求提供了明确的解释。这种教育理念的深度融合，目的在于为学生营造一个内容丰富、交互性强和高度个性化的学习环境，以此促进学生在探索知识和实践创新方面的深入发展。

在这个飞速发展的时代，VR 技术已经成为智慧学习体系的核心技术之一，发挥着不可替代的作用。这项技术不仅是智慧教育环境构建的关键要素，还深入影响了教育活动的方方面面。借助 VR 技术，参与者得以接触丰富多彩、前所未有的学习内容，沉浸在全方位体验中，享受到由智能技术驱动的、交互性极强的学习过程。这种全新的学习体验，整合了最新的教育资源，旨在激发参与者的批判性思维和创新精神，与智慧学习所倡导的深层次学习与创新型学习的宗旨完美契合。这种创新的教育方式，显示了我们紧跟时代步伐的决心，而 VR 技术的融入，则为教育的未来趋势增添了生动的色彩。

随着技术的不断进步，深度学习成为更加现实和高效的选择。VR 技术在这一进程中扮演了至关重要的角色，它不仅提供了海量的学习资源和多样的学习环境，还为各种学习活动的设计提供了创意方案，极大地推动了深度学习的发展及应用。通过 VR 技术支持的创新学习生态系统，使基于深度学习能力的新型学习模式和环境的创建成为可能。如表 2-3-1 所示，这种基于深度学习能力框架的 VR 学习为教育领域带来了革命性的变革。

表 2-3-1　基于深度学习能力框架的 VR 学习

| | 能力概述 | 学习资源 | 学习空间 | 学习活动 |
|---|---|---|---|---|
| 认知领域 | 掌握核心学科知识 | 虚拟模型模拟真实效果 虚拟实验室资源 | VR 完全沉浸空间 虚拟课堂 | 做中学，利用先行知识学习 |
| | 批判性思维和复杂问题解决 | 碎片化资源 可整合的资源 | 模拟现实体验室 探究问题实验室 | 体验式学习 探索式学习 |
| 人际领域 | 团队协作 | 模块化资源 | VR 交互沉浸 | 混合现实活动 |
| | 有效沟通 | 交互式资源 | 多人互动空间 | 多台互动 VR 网络会议 移动通信互动 |
| 个人领域 | 学会学习 | 隐性学习引导 显性学习激励 | 模拟创业空间 虚拟创客空间 | 问题解决活动 情景活动 情景问题解决 |
| | 学会毅力 | 可视化学习成果 全方位的评价机制 | 成长历程 学习经历 | 创新活动 学以致用 知识迁移 |

在深入探讨深度学习的界定范畴时，NRC 为了更精确地区分它与 21 世纪所需的能力框架之间的差异，细致地将深度学习划分成了三个关键领域，分别是认知领域、人际领域以及个人领域。对于每一领域，NRC 不仅阐释了在该领域内需掌握的关键能力，而且还为这些能力提供了明确的表征描述。这样的细分有助于更好地理解深度学习在不同领域中的应用和重要性，同时确保了能力的具体化和实用化。

1. 认知领域

关于认知领域的要点，强调的是通过深入的学习和理解，学生能够在各自的学科知识体系中，建立起各个知识点之间的联系。这不仅是记忆和理解，更重要的是能够批判性地运用这些知识去分析和解决遇到的新问题。在这一过程中，学生能将学到的知识应用于真实世界中去解决问题，展示了学以致用的能力。特别是通过VR技术的应用，学生可以在虚拟的环境中，体验到现实世界中难以实现的模拟效果。这种虚拟实验室的应用，不仅为学生提供了必要的学习资源，更重要的是学生在虚拟的环境中能进行体验式和探索式的学习，这样的学习方式能有效地锻炼学生自主学习的能力以及运用知识解决复杂问题的能力。

2. 人际领域

人际领域的深入探讨和技能培养，致力于提高学生的人际交往能力。在现代教育环境下，团队协作能力的培养尤为重要，这不仅是因为学生需要在学习过程中与他人合作，更是因为在处理复杂问题时，协同工作的能力尤为关键。在VR技术提供的模块化资源和交互式体验中，学生必须通过团队合作和有效沟通来完成指定的任务。VR技术所创造的交互沉浸式体验和多人互动空间，极大地丰富了多人协作活动的场景，比如VR网络会议等，这为学生提供了一个独特的平台，培养和提升了他们的人际交往和团队协作能力。

3. 个人领域

与表层学习相比，深度学习的核心在于深化学生在专业领域的技能和能力。该过程强调学生需要掌握高效学习的方法，并培养学生持之以恒的学习品质。它依靠学生的积极参与、自我调控和自我管理。为了加强这方面的能力，教育平台应提供实时反馈，以可视化的学成效果展示，利用这些信息促进学生自主学习。VR技术通过隐性与显性的学习指导及激励机制，辅助学生掌握有效的学习方法，同时，通过展现可视化学习成果和构建全面评价系统，鼓励学生更加积极主动地参与学习。在VR构建的互动环境中，学生有机会体验到模拟的创业场景和虚拟的创客空间，这不仅使他们能将理论知识应用到实践当中，还能增强他们持续学习的意愿。通过反思个人成长历程和学习体验，学生在心理上将对持续学习过程感到更有自信和勇气。VR学习活动专门针对学生的专业领域设计，实现知识迁移的直接性和快速性，帮助学生在较短时间内达到学习目标，并获得及时的反馈。

深度学习评价体系通过给予学生心理上的正面激励，鼓励他们未来进行更深层次的学习探索。

技术在推动深度学习方面发挥着关键作用，激发学生主动探索知识的动机，并对表层知识进行深度的复习和再次学习，促进他们在个性和精神上的成长。将VR技术引入教育，意味着在学习资源、空间及活动等方面为深度学习提供了更多可能，使深度学习变得更加易于实现。随着对全息投影技术兴趣的提高，VR技术的衍生产品——AR和MR已经成为教育领域内备受欢迎的工具。这些前沿技术不仅引入了新的学习视角和反馈机制，而且在深度学习的结构和方法中展现了虚拟与现实相结合的优势。

## 二、VR 技术对学习投入的促进

虚拟化技术，起源于20世纪60年代，代表了通过计算机技术创造出的一种模拟环境，被广泛称作VR。这一技术集成了多种传感器设备，赋予了用户前所未有的能力，使其能够完全沉浸并自然直观地与模拟环境互动。VR以其高度真实的模拟能力，复现了人在自然世界中的视觉、听觉和动作感知体验，从而形成了一种革命性的人机交互界面。该技术模拟出的环境让用户仿佛置身其中，极大地改进了人机沟通的方式。

VR技术拥有三大核心特性：沉浸性、交互性与构想性，这些特性赋予了它在教育领域的独特优势。沉浸性的VR技术能够唤醒学习者的所有感官，为其提供一种极度真实的学习环境；交互性特性使学习者能够通过自然的动作与虚拟环境中的元素进行互动并得到反馈，而这种互动的效果可通过诸如头戴式显示器、数据手套等先进的设备来进一步增强；构想性则允许学习者在一个结合了定性与定量分析的虚拟环境中进行直观和逻辑上的思维，以此来实现对知识的深层次理解和突破。

VR技术在教育领域的应用研究主要围绕几个关键点展开：针对特定学科的运用、在高等教育中的应用以及实验教学的探索。尽管如此，大多数研究侧重探讨非沉浸式虚拟现实系统（亦称桌面虚拟现实系统）的应用，对于如何将学习理论有效地融入实际应用中以及如何将理论与技术有效整合的探讨则相对较少。

### （一）虚拟现实学习环境能提升学习状态

虚拟现实学习环境（VRLE）能够积极影响学习投入，这说明 VR 技术应用于课堂教学后所创建的 VRLE 能够有效地提升学生的学习投入水平。进一步分析可以发现，VRLE 对于学习状态的影响最为显著。学生的学习状态是其在学习的过程中具有强烈的意义感以及饱满的学习热情的一种体现，这种状态使学生能够勇于接受学习中遇到的挑战。相比于传统教学环境，VRLE 能够借助丰富的3D 内容帮助学生进入更好的学习状态，有助于学生的学习活动。VRLE 对学习感受的影响程度仅次于学习状态。学习感受是学生将精力集中于学习，在学习过程中感到快乐且自豪的一种愉悦状态。学生在虚拟的情境中进行学习会有身临其境的愉快体验，从而在很大程度上改善自己的学习感受，提升自己的学习成绩。VRLE 对学习态度的影响较小，VR 技术构建的虚拟情境会在一定程度上缓解学生的学习疲倦感，使学生愿意为学习付出努力。VRLE 对学习韧性的影响较小。学生在学习的过程中可能会遇到各种困难，从而产生畏难情绪。虚拟现实创建的虚拟情境能够激发学生的学习兴趣，通过更愉快的学习体验来化解学习中的困难，帮助学生更好地投入学习中，获得更好的学习体验。

### （二）学习动机对学习投入产生中介作用

VR 技术创建的教学情境让学生感到非常新奇，对知识的讲授方式也更加灵活，且教师与学生间的互动更加直接，这能够激发学生学习和探究的欲望，提升学生的学习投入水平。VRLE 通过学习动机对学习态度的影响较为显著，良好的学习情境可以积极影响学生的学习态度，使学生做出更多有利于提升学习效率的行为，从而提升学习成绩。学习状态是学生学习全过程的一种持续感知，VRLE 让学生在一种饱满的状态下完成知识的学习。与此同时，VRLE 还能通过学习动机来提升学生的学习韧性和学习感受，但是对于这两个维度的影响相对较弱。

### （三）为个人主动参与创建三维环境

众多研究表明，学习者若在教育过程中获得选择权，那么他们就能主动探索、充分利用教育资源，明确自我提问，制定并实施个人化的学习策略，同时为自己的选择负责，他们将能更深层次地参与到有意义的学习活动中。这种主动参与的学习方式，展现出了更为显著的学习成效。这样的学习过程，既可能受到环境因素的促进，也可能由学习者内在的驱动力所激发。其关键在于，创建一个具有人性关怀、智能化和沉浸式体验的网络学习环境，为学习提供重要条件。

随着 VR 技术在教育领域的广泛运用，教育的传统观念和学习方法正经历着巨大的变化。教育界正向着集虚拟教师、虚拟同伴、虚拟实验室、虚拟图书馆、虚拟辅导以及虚拟评估于一体的全新学习生态系统迈进。这种技术利用先进的三维实时渲染，创造了生动逼真的学习环境，为学习者提供了一种身临其境的学习体验。在此环境中，学习者能够即时地观察、互动、参与、实验和探索学习目标，极大地拓展了他们的学习体验和想象力。学习者的角色从传统的观察者转变为主动的实践者，他们在这个过程中获得了更多的自主权和主动性。此外，通过图形、图片、动画等多样的信息呈现形式，VR 技术激发了学习者视觉、听觉等感官的全面参与，这对于提升学习者的学习投入水平具有至关重要的作用。

桌面 VR 技术所创造的三维学习空间，轻松构建了以学习者为核心的教育生态，唤醒了学习者对学习的兴趣和热情。设计者通过引入灵活而多样的交互形式，比如探索发现法，鼓励学习者与虚拟环境中的对象进行互动，使其完成既定的学习任务。这种方法有效地提升了学习者的参与感。在这种教育环境中，创设意义丰富的场景，不仅能够促进学习者思维的发散，增强其观察力和利用所学知识解决问题的能力，还有助于整合学习的外部和内部动机，促使学习者在智力和情感智慧上获得和谐发展。

### （四）虚拟系统对学习者的全面渗透

虚拟系统在悄然间对学习者施展其影响，其方式效果深远，赢得了教育界的广泛认可。在这一过程中，如何借助这种细微的影响力，促使学习者在行为模式、思维方式乃至个人特质上实现积极的转型，成为一项至关重要的议题。在这个层面上，桌面 VR 技术从设计到应用展现了不可替代的价值。

涉及渗透的机制时，桌面 VR 技术的设计及其应用承担着核心的作用。在设计阶段，要遵循视觉艺术的基本准则，明确的层次感、和谐的对称与平衡以及色彩搭配的美学。还要包含创新的元素，如融合三维空间与时间的概念、创造出沉浸式和互动式的艺术体验。设计的另一个重点是确保信息的有效传递，通过与现实生活紧密相连的设计项目，比如通过实际操作探究活动，促使学习者在亲身实践中获得全面的个人成长。例如，"科学空间"项目通过整合视觉、听觉和触觉，创造了一个三维的沉浸式体验环境，旨在揭示物理定律，帮助学习者通过实践深刻理解科学概念，从而在多样化的环境中获得比传统学习更为丰富的体验。

VR 技术在教学领域展现出极大的应用前景，涉及了虚拟旅游、模拟冲突、虚拟购物等众多领域。要充分发掘这项技术的优势，首先，教师需要发挥其指导作用，加强与学习者的情感互动，确保教学活动紧密围绕既定的学习目标展开。其次，教师对学习者，尤其是学习者的个性化特征进行深入分析变得尤为重要，这包括对他们的自我调节能力及基本技能的了解，这些都是影响学习效果和学习者心理及生理健康的关键因素。

**（五）创建开放的评价体系**

对于那些投身学习旅程的人来说，自我评估的过程不仅是推动他们对自己的学习进度负起责任的关键引擎，还被视作达到责任感驱动的学习参与度的一个重要手段。自我评估的广度与成效在唤醒学习欲望、促使学生深度投入学习活动方面起着决定性的作用。卡尔·罗杰斯强调，为了充分发掘自我评估的潜力，推荐实施一种以学习者为主体的、开放式的教学方法。这种方法不仅着眼于学术上的成功，还特别强调学习者在整个学习过程中的全身心投入与自我反思水平，这涵盖了成绩、过程、思考以及情感等多方面的综合评价。

在数字学习的背景下，前述的综合评价框架得到了有效的应用和实践。首先，学习者能够将个人的学习成就与教师预设的目标进行比较，这一点与传统教育中的客观题型评价方法相似，进而能够自行评估学习成效。其次，数字化学习环境为学习者提供了一个平台，使他们能够基于学习经历进行深入的自我审视。比如，在虚拟的学习空间里，通过点击、拖动等操作逐步完成指定的学习任务，学习者可依据自己对知识的理解去尝试和调整不同的学习方法和策略。通过监控操作过程中的细节及完成学习任务所需的时长，学习者能对自己的学习途径进行彻底的评价。这样的自评过程不会受到时间、地点或外界其他因素的干扰，确保了有效且即时的自我反馈。最后，通过虚拟学习平台，学习者在思考方式和学习策略上的自我评价也得到了加强。例如，操作记录可以揭示出学习者的逻辑思维和解决问题的方法，学习过程中产生的文档和音频记录能够即时地捕捉到学习者的思维活动，为他们提供了一个自我审视的基准。这类基于数字化学习环境的评价方法，不仅提高了学习者的自我监控能力，还激励了他们进行深入学习，促进了他们的全面成长。

## 第四节　VR 技术与教学融合的实践启示

通过研究和分析可以看出，VR 技术构建的学习环境对学生的学习动机与学习投入有更加显著的积极影响。因此，对于未来 VR 技术与教学的融合可以得到以下启示。

首先，随着 VR 领域的设备在性能上的显著提升与成本的持续下降，教育界的投资者开始偏好于创造更加丰富多彩和生动的教学内容。这种趋势促进了 VR 技术在教育场景中的快速普及，使之成为日益流行的教学辅助工具。这些技术通过提供沉浸式的体验、即时的互动性、无限的创造可能、虚拟世界与现实世界的无缝结合以及对三维空间的精确再现等独特优势，正在逐渐改变教师的教学方式和学生的学习习惯。采纳这类尖端技术，教育行业正在迎接一场颠覆性的变化。VR 在教学领域的深入应用，不单是对原有教学法和学习模式的根本性革新，还揭示了它们巨大的应用潜力和对教育未来的深远影响。

其次，将 VR 技术整合到教育领域的实践，标志着教学方法的变革迈入新纪元。随着 VR 技术的融入，教学变得更加注重个性化和学生的主动参与，提供了一种全身心投入的学习方式。在这样的虚拟环境里，每个学生都能根据自身的学习进度和兴趣，与虚构的角色互动，享受一种全新的、定制化的教学体验。这种模式与传统的教学场景形成鲜明对比：后者往往是一位老师面向众多学生讲授，而采用 VR 技术后，每个学生几乎都能得到一对一的指导。通过这种方式，学生能够在接近真实的场景中学习，同时，借助三维模型，将原本抽象的学术概念具体化，让微观的知识点更加形象化，复杂的理论也变得更加易于理解和记忆，这极大地增强了学生对于学术内容的掌握和记忆能力。引进 VR 技术，不单是为学生开辟了一个互动交流的虚拟领域，激发了他们对学习的热情和求知的渴望，也创造了一种创新的知识分享渠道。这种现代化的教育方法，无疑能够极大地提升教学的质量和效率，为学生的个人成长与发展提供了更多的可能性。

最后，在数字化时代，VR 技术的发展，为学生打开了一个充满创新的学习大门。这项技术能够为学习者提供一个丰富多彩的数字内容世界和一个虚拟与现实巧妙结合的场景化学习空间。这些方式，不仅增强了学生学习时的存在感与沉浸感，还通过虚拟与现实世界的紧密结合，让学生能够跨越时间与空间，进行富有创意的交流互动。这样的学习过程大大增强了学生的动手能力，强化了他们对知识的感性理解和亲身体验，同时也激发了学生的创新意识和创新思维，进而培养了学生自我驱动探索和自主学习的能力。VR 技术是多项前沿技术的集成应用，也是多个学科知识的交汇点，为创客教育和 STEAM（科学、技术、工程、艺术、数学）教育提供了极佳的支持平台。在教育实践中，将 VR 技术融入教学活动，不仅为创客学习创造了条件，也使学生可以在创客空间内，通过 VR 技术，采取积极探索、动手操作、创新设计、跨学科整合的方式来学习新知识、掌握新技能。借助于这些先进技术，学生在虚拟与现实的互动交流以及时间、空间的穿梭体验中，采取"玩中做""做中学""学中做""做中创"的模式，能够极大地拓宽思维视野，激发出更多的创新灵感，创造出更加多样化和富有创意的创客作品。随着新一轮教育改革的到来，"中国学生发展核心素养"的总体框架已经正式发布，其中"实践创新"作为六大核心素养之一，被特别强调。在这样的背景下，VR 技术在教育领域的应用，已成为推动教育模式创新的重要力量。这不仅有助于加速教学改革的步伐，促进创客教育和 STEAM 教育的广泛推广，更是对学生核心素养培养的有力支持，为学生在未来社会的全面发展奠定坚实的基础。

## 一、VR 技术提高了学生自主学习的能力

在当代教育领域，VR 技术成为促进学生自主探索的重要工具。这项技术通过提供独特的沉浸式体验和丰富的互动性，为学生搭建了一个综合的人机交互平台。利用 VR 技术，学生可以通过视觉、听觉、触觉甚至是嗅觉，这样多元化的感官通道，与虚拟世界中的元素进行实时互动。这种交互方式远远超出了传统键盘和鼠标的操作界限，涵盖了语音、手势和面部表情等更为自然的沟通形式。置身于这个"超越现实、身临其境"的数字化学习空间，学生仿佛被带入了一个全新的维度，体验到了独一无二的学习过程，这不仅极大地增强了他们的创新思维和学习热情，而且有效提高了学习的效率与质量。

在 VR 技术所营造的学习环境中，我们可以大致将其分为三个基本类别。首先，"显示现实"能够重塑那些实际存在的场景，如知名地标和历史建筑，为学生提供了访问那些他们可能由于地理或其他因素而无法亲自到达之地的机会。其次，"模拟现实"能够模拟出只有在特定条件下才会出现的场景或事件，如同各种模拟训练程序一样，它使学生能够在一个安全的虚拟空间中进行学习和操作练习。最后，"创造现实"是基于纯粹的想象，创造出了现实世界中不存在的场景，向学生提供了一片无边的创想空间。通过这些多姿多彩的虚拟背景，学生能够突破时间和空间的束缚，深入探索各种教学情境，从而获得更加深入和直观的学习经历。这种方式不仅让那些难以接触的知识变得触手可及，而且还使复杂的概念与理论通过生动的模拟实验变得更加易于理解。

在现行的教育框架之下，VR 技术的融入是教学模式一次革命性的变革。通过网络 VR 教学平台，学生可以转变为学习过程的核心参与者。这种更新的教学策略不仅增强了学生的自我学习动力，还建立了一种积极合作的学习氛围。在这样的氛围里，学生可以借助网络和计算机技术进行交互，促进了师生之间以及学

生相互之间的有效沟通和协同工作，进而大大增强了教学的交互性和教育系统的开放度。

## 二、基于 VR 技术的课堂教学优势

### （一）提高教学资源质量

在由 VR 技术构建的沉浸式学习环境中，教育内容的库存量十分庞大。此技术使教师能够利用各种不同的终端设备，便捷地将教学材料上传到 VR 课堂的后台系统中。学生借助 5G 网络的高速连接，迅速地访问并使用这些虚拟环境中的学习资源，从而实现随时随地的学习。在这种特殊的课堂设置中，学生根据各自的学习基础和偏好，可以自主选择最合适的学习速度。对于那些难以立即理解的概念，学生还可以在 VR 环境下反复练习，直到能够完全吸收所学的内容。基于 VR 技术的沉浸式教学不仅有效地增强了学生的独立学习能力，而且减少了教师重复讲解相同内容的时间，这让教师有更多的时间来专注于回答学生的具体问题，对于激励教育模式的创新发展具有重要意义。

### （二）打破教学时空限制

沉浸式课堂的实施，通过学生与教学材料之间的互动对话，加强了学生与学习资源的深层次连接。在这种环境下，学生根据自己的需求，有机会挑选出最适合自身进步的教材进行深入探讨。这种教育模式借助于沉浸式的体验感，将教学内容在一个三维的虚拟空间内呈现，仿佛让学生亲身经历了课程所讲述的故事。这种直观的呈现手段极大地增强了学生对课程知识的吸收和记忆能力，加强了对学习材料的理解。通过 VR 技术的应用，课堂变得更加鲜活，引人入胜，学生的各种感官如视觉、听觉、触觉得到全面的激活。这种综合感官的刺激不仅让学生获得了近乎真实的体验，也突破了时间和空间的束缚，让学习变得更加生动有趣。在这样的设计思路下，学生得以在知识的广阔天地中畅所欲言，将那些抽象的知识点转变为具体、可感知、可交互的经历。置身于这种教育环境之中，学生不仅能够享受到仿佛身临其境的学习氛围，还能体验到自然流畅的互动乐趣，这样的

体验无疑在很大程度上提升了他们对学习的兴趣和热情。通过引入 VR 技术构建的沉浸式课堂，以其创新性的教学方法和丰富多彩的学习内容，显著提高了教学的趣味性和效率，使学生的记忆更为深刻，同时激发了他们深入探索知识的渴望。

### （三）提高设备使用率

在 5G 网络的支持下，仅凭借手机等移动设备作为接入点，就可轻松实现远程教学活动。科技的飞速进展为教育领域带来了新的可能，特别是教学工具更加多样。在现代的教学场景中，广泛应用的 VR 技术使构建丰富多彩的学习环境成为可能，学生得以在完全虚拟化的实验室中亲手操作设备，仿佛置身于真实的实验环境之中。此外，VR 技术的灵活性允许教育者根据不同学科的具体需求，定制专属的虚拟学习场景和教学资源。这些资源均存储于云端，通过 5G 网络便捷地进行维护与更新，极大地降低了物理设备管理的成本和复杂度。教师不仅可以轻松地通过 5G 网络上传和访问这些虚拟资源，学生也能通过同样的方式参与到这种沉浸式学习体验中。维护团队定期对虚拟设备进行检查和更新，确保任何故障都能迅速得到解决，保障了学习过程的连续性和高效率。此外，这种技术还促进了不同学科之间教学资源的交叉融合和共享，进一步提升了虚拟教学环境的综合效益和资源利用效率。

## 三、基于 VR 技术的课堂教学应用

### （一）基于 VR 技术搭建沉浸式实验室

VR 技术搭建的沉浸式实验室与我们以往所接触的传统型实验室截然不同。VR 技术搭建的沉浸式实验室依托 U3D（通常指 Vnity 3D）技术的开发与设计。这一变革意味着教育提供者在实施教学的过程中，不再需要对实体实验工具、教育材料或是实体实验场所进行高额投资。得益于 VR 实验室里的丰富素材库及其提供的开源代码资源，教育机构能够给师生轻松打造一个沉浸式的教学与实验虚拟环境。依托 5G 网络的高速连接，教师及学生能够快速、方便地接入这一虚拟平台，从而高效完成教学及实验活动。这种新型的运作模式，不但大幅减轻了教

育机构在物理空间及经济上的负担，同时也为师生提供了一个更加灵活和高效的学习及研究空间。

### （二）基于 VR 技术的沉浸式教学内容

VR 技术将教学内容以虚拟与智能的形式重塑，教师与学生仿佛直接融入教材之中，实现了与学习材料的直接互动。通过运用 VR 技术，传统的教育资源，如图文及视听资料，得以转化为具备深度沉浸体验的学习环境。这种全方位、多感官的沉浸式学习方式，不仅让学生从不同维度深入探索和理解教材内容，还能极大地增强学生的现场感，激发其对学习的热情，从而有效提升教育教学的整体效果。

### （三）VR 技术在实验、实训教学中的应用

利用 VR 技术，我们得以创建一整套电声学虚拟实验室，它赋予了学生在声学领域进行广泛实验操作的自由。这不仅涵盖了多样的厅室声场测试、室内音响效果的设计与提升、扩声器的恰当布置，还包括了电声系统的全面规划等方面。例如，音乐厅声场测试，在这种模拟实验环境中，学生可以通过调节扬声器的位置、调整音响输出的功率、选择不同的吸音材料甚至改变音乐厅建筑本身的结构（比如厅室的大小和高度），来检测和分析音乐厅各区域声场的变化。这种操作使学生不仅能够亲身感受声音变化并收集实验数据，还能深化对音乐厅声学效果设计基本概念的理解。

VR 技术所特有的沉浸感和交互性，提供了一个让学生全神贯注地学习的环境，仿佛他们真的处于一个实际操作的场景之中。这样的学习环境极大地强化了学生在专业技能培养方面的训练，这些专业技能包括音效的调整、灯光的控制、室内声学参数的优化以及扩声器与音箱的适当配合等。得益于这些模拟训练系统的高安全性，学生可以在没有任何安全风险的情况下，进行重复的实践操作，直至他们彻底掌握这些关键的技巧。

# 第三章 VR 技术在教育领域的应用

VR 作为一种沉浸式的体验技术，逐渐在教育领域得到广泛应用。它利用计算机生成的视觉和听觉效果，将用户置身于虚拟的三维环境中，提供更加生动、互动和切身的学习体验。

本章为 VR 技术在教育领域的应用，分别从 VR 技术在教育领域应用的历史必然性、VR 技术在教育领域的应用现状及对策、VR 教学资源的开发现状与应用评价三个方面展开了介绍。

# 第一节　VR 技术在教育领域应用的历史必然性

VR 技术逐渐被人们广泛地应用于学校教育中。VR 技术的进步极大地推动了教育的发展和变革。

## 一、VR 技术受国外教育领域认可

部分国家正致力于推动大学校园的网络建设及教育软件的发展。在这一过程中，国家不仅鼓励大学教师采用多媒体和网络技术进行教学，而且还提供了相应的支持。计算机技术与互联网的结合将全球转变成了一个无缝的信息共享网络。这种技术的融合不仅加速了教育的发展，扩大了教育的规模，还显著提高了教学质量。数字化教育展现出空前的开放性，打破了地理和时间的界限，使教育模式经历了深刻的变革。随着 VR 技术的持续进步，在线远程教学和虚拟学习环境开始受到越来越多人的喜爱。传统的面对面教学方式逐渐向一个开放和全球化的网络学习平台转型。这个平台不仅促进了全球教育资源的共享，还促进了实时互动和交流。进入 21 世纪，社会步入了一个以虚拟网络为中心的新时代，优秀的教育资源变得更加容易获取，这标志着教育的未来将会更加灿烂和充满希望。

通过融入传统的授课方式和现代的多媒体网络技术，教育界的专业人士在保留使用黑板、幻灯片以及投影设备等传统教学方法的基础上，采用了最新的 VR 技术。这种创新的网络教学模式，不仅为高校注入了创新的动力，同样也在网络教育引起了翻天覆地的变化，进而为在线教学的发展提供了强大的支撑。各大高等院校及其他教育机构需要依据网络教学的基本原则，结合其发展愿景及特色，探索适合自己的成长道路。在美国，网络教学不仅保持着稳健的增长势头，还在各式各样的教育实体中呈现出了丰富多彩的面貌。在此背景下，美国的高等教育机构均能为其注册的学生提供全方位的在线学习服务，涵盖了完全在线化的课程与学位计划，融合了在线与面对面教学元素的混合课程模式。学生可以根据个人偏好自主选择学习方式，而所获得的任何课程证明与学位证书均具有同等效力。英国的开放大学作为国际远程教育的领军者，通过多媒体网络技术支持，成功实施了完全在线的学习模式。他们高度重视学生间及师生间的互动与交流，即便在网络学习的情境下，也力求提供面对面的辅导服务，从而保障了教育的质量。这一教育模式不仅为学生提供了极大的便利，也促进了远程教学领域的持续发展与创新。

在 VR 技术的发展历程中，美国航空航天局（NASA）是这一领域的先驱之一，成功开发出用于航空器和卫星维护的 VR 训练系统以及空间站的 VR 模拟训练系统，并构建了面向全国的 VR 教育系统。美国北卡罗来纳大学的计算机科学系致力于分子建模、飞行仿真、外科手术模拟以及建筑设计等领域的研究，麻省理工学院的媒体实验室专注于虚拟环境的系统研究，SRI 国际研究中心推出的"视觉感知项目"旨在推动 VR 技术的进一步发展。此外，华盛顿大学的华盛顿技术中心通过其人机交互技术实验室，将 VR 技术的研究扩展到了教育、设计、娱乐及制造等多个新兴领域。

在欧洲，VR 技术因其巨大的发展潜力而受到了各国瞩目，成为科技前沿的焦点。德国在这个领域内取得了令人惊叹的技术突破，尤其是在计算机图形（CG）技术上与美国展开了激烈的竞争。CRYTEK 公司推出的 CRYENGINE，集成了 DirectX10 技术的高端引擎，因其精准的渲染效果而被业界广泛认可，被认为是迄今最先进的三维引擎技术之一。从 1991 年起，德国便开启了将仿真技术融入建筑设计领域的探索旅程。德国不仅在此领域取得了显著成就，还积极探索将 VR 技术引入商业产品的设计、生产以及展示环节，通过虚拟技术吸引顾客和进行员工培训，充分展示了 VR 技术在实践中的广泛应用前景。

与此同时，欧洲和北美的许多设计和房地产企业也开始采用仿真系统来支持设计工作并促进房地产销售，这种方法逐渐取代了传统的电脑渲染图和模型等手段，成为销售和设计的重要辅助工具。在法国，一种名为 Virtools 的三维引擎由于其出众的性能而广受市场欢迎。英国在 VR 技术的并行处理、辅助设备设计（包含触觉反馈设备）及应用研究等方面取得了领先成就。在瑞典，DIVE（分布式交互虚拟环境）项目致力于创建一个基于 Unix 系统的分布式虚拟环境，强调协作和交互功能。荷兰海牙的 TNO 物理电子实验室（TNO-PEL）研发的训练和模拟系统，旨在通过改善人机界面技术，增强现有模拟系统的互动体验，深化用户对模拟环境的沉浸感。

## 二、国内教育领域对 VR 技术的探索

### （一）国内教育领域研究 VR 技术的过程

当前，我国正积极探索并大力推动远程教育的发展，身处关键阶段。网络教育凭借其特有的便利性和优势，吸引了大量学习者的关注。同时，随着越来越多的在线教育平台和相关网站的涌现，这一领域展现出蓬勃的发展势头。实施在线教育的挑战在于如何确保教学成效和质量，这需要教育服务提供者不仅提供充足的技术支撑，还要为学习者提供个性化关注、导师辅导及师生之间的有效沟通等增值服务。目前，一个迫切需要解决的课题是如何增强网络教育的质量和灵活性，探索出富有特色的在线学习模式。

尽管我国教育体系与世界其他地区的教育体系存在诸多不同，但是选择一条与国情相契合、适宜教育发展道路的基本策略仍然是普遍适用的。目前，我国高等教育的在线教学推广主要得益于政府政策的支持。传统的高等教育机构需要全面考虑国内外学生的教育需求，从全局规划、教学资源配置、教师队伍建设、管理体系改进、技术支持及服务品质提升、评估与认证体制完善等多方面着手，充分挖掘技术潜力，探索适应数字化时代的新型人才培养模式，以满足学生多样化的学习需求，并不断提升教育质量。此外，开放大学等教育机构也可以借鉴 MOOCs（大型开放在线课程）的运营模式，通过构建"统一平台、高校联盟、资源共享"的机制，积极与国内外顶级大学合作，实现资源共享与优势互补，促进教育机构向更加专业化、分工明确的方向发展。同时，我国可以借鉴其他国家在推广在线教育方面的成功经验，利用网络教育的灵活性和多样性培育更多技能型及应用型人才，更有效地满足学生及社会的需求。

这些年来，我国在 VR 行业获得了显著的突破。从 20 世纪 90 年代初至今，我国的 VR 技术经历了飞速的发展，其应用领域广泛扩展到了军事、航空航天、

建筑设计、城市规划、医疗保健、生物化学、休闲娱乐、教育培训以及旅游等众多关键领域中。

在国内，VR 技术研究的核心力量汇聚于众多著名的高等教育机构，这些机构的广泛参与为 VR 技术的广泛应用和技术革新奠定了坚实的基础。北京航空航天大学计算机系作为我国最早涉足虚拟现实研究的先锋机构之一，其团队对虚拟环境中物理特性的精确模拟与处理进行了深入研究，并在视觉接口技术的创新、分布式虚拟环境的网络架构设计，以及多功能 VR 系统的研发等领域取得了不错的成果。清华大学的虚拟现实与人机交互实验室也承担了大量科研项目，这些项目涉及了多种人机交互技术、三维交互设计以及针对老年人行为的模拟等层面，其在虚拟设计制造和驾驶仿真系统的研究上同样成果颇丰。此外，清华大学计算机系在增强虚拟现实的沉浸感、改善立体显示技术等领域也展现了创新能力。而浙江大学的心理学国家重点实验室和 CAD&CG 国家重点实验室分别研发的虚拟故宫和实时虚拟建筑环境漫游系统，向我们展示了 VR 技术在文化遗产保护和建筑设计领域的巨大潜力。西安交通大学信息工程研究所致力于立体显示技术的研究，这一技术是构成 VR 体验的关键要素。哈尔滨工业大学计算机系不仅成功模拟了人的表情和口型，还在同步模拟人类的头部和手势动作、语音语调等更高级行为方面实现了创新。中国科学院计算机技术研究所的 VR 技术实验室，在虚拟角色生成和虚拟环境互动等方面进行了广泛的基础性和前沿性技术探索，推动了多模态人机交互界面和人工智能技术的进步。西北工业大学电子工程系所属的西安虚拟现实工程技术研究中心，作为国内首批开展 VR 技术研究与实验的机构之一，其在紧跟国际新技术发展方面展示了出色的实力。

还有一些单位在 VR 技术的不同应用领域开展了深入的研究工作，并且已经取得了诸多显著的成果。虚拟现实网是一家专门向虚拟现实行业提供资讯、技术、资源、服务的网络平台，网站全力打造专业的行业资讯频道、虚拟现实案例欣赏与下载中心、技术交流社区、3D 素材库，除此之外，还提供了很多专门针对虚拟现实、体感开发、项目开发等的专业服务。

VR 技术一经问世，就使人们对它身临其境的真实感和超越现实的虚拟性产生了浓厚的兴趣。目前，国内 VR 技术开发的难点和热点主要集中在以下几个方面：大型复杂场景的三维信息生成、实时三维场景光影效果模拟、实时三维场景动态调用、实时三维场景内存使用控制、实时三维场景碰撞检测、实时三维场景运行效率的提高、开发新型显示器系统、配合实时全景的大视角三维场景显示、场传感器及数据采集系统等硬件系统、便携多功能的用户控制硬件系统、人机交互界面等。VR 技术研究内容涉及多个领域，被广泛应用于医学、军事、教育、网络游戏、产品展示及旅游等领域，被公认是 21 世纪重要的发展学科以及影响人们生活的重要技术之一。

**（二）国内 VR 教育的入局发展初期**

面对国内庞大的教育市场，教育行业运用新技术不断提高教育质量和效率的诉求不断增强，一些国内企业开始借鉴国外的 VR 教育模式，通过 VR 技术升级现代数字教育，开始将 VR 技术带入教育基层。

*1.VR 教育相关的政策引导*

2016 年被行业内人士称为中国 VR 元年，国家陆续出台多项政策，将 VR 技术列入教育信息化重点任务，推动 VR 在教育中的应用与实践。各地也相继建成相关产业基地、VR 省级实验室、工程研究中心等科技创新平台，搭建和提供有利于 VR 技术应用与产品开发、科技成果转化等的便利环境与服务保障。

2016 年 9 月，工业和信息化部联合国家发展和改革委员会共同发布了《智能硬件产业创新发展专项行动（2016—2018 年）》。这份重要文件强调了对智能硬件企业的大力支持，特别是那些致力于教育领域的企业，鼓励它们在远程教学、智能化课堂环境、虚拟课程以及在线学习等方面大胆应用新兴的智能硬件技术，旨在显著提高我国教育的智能化水平。

2017 年 2 月，教育部印发《2017 年教育信息化工作要点》。该工作要点根据《教育信息化"十三五"规划》的总体部署，明确指出要启动基于 VR 实验实训的平台建设，完成"互联网＋智慧"教育示范基地建设。

2018 年 4 月，教育部和其他四个部门共同发布了《教师教育振兴行动计划（2018—2022 年）》。这份方案明确提出要充分利用云技术、大数据、虚拟现实以及人工智能等当代科技新成果，推动教师教育信息化教学服务平台的构建与应用，并且促进教学方式向更加自主、合作、探索的方向转变。

2018 年 9 月，国家发改委发布《关于发展数字经济稳定并扩大就业的指导意见》。该意见指出要创新人才培养培训方式，大力推进"互联网 +"的教学方法和技能培训，积极探索使用移动技术、虚拟 / 增强现实、人机交互等现代数字教学方法，推广微型课程、线上与线下相结合的混合式教学、在线直播等新型的教学模式。

2018 年 10 月，教育部又发布了《关于实施卓越教师培养计划 2.0 的意见》。其中特别强调了将人工智能、智慧学习环境等前沿技术全面融入教师教育课程中，充分运用虚拟现实、增强现实和混合现实等技术，开发一系列互动性强、场景化的教育课程资源。

2019 年 2 月，教育部印发《2019 年教育信息化和网络安全工作要点》，开始督促指导全国各地区教育厅抓紧推进虚拟现实在教学上的应用。

2020 年 9 月，国家发展改革委、科技部等四部门联合印发了《关于扩大战略性新兴产业投资培育壮大新增长点增长极的指导意见》，投资并建成一批直播和短视频基地、一流的电竞中心以及高沉浸式的产品体验展示中心，为消费者提供 VR 旅游、AR 营销、数字文化博览馆、创意设计、智慧广播电视、智能体育等多样化的消费体验。

2022 年 11 月，工业和信息化部、教育部、文化和旅游部、国家广播电视总局、国家体育总局印发《虚拟现实与行业应用融合发展行动计划（2022—2026 年）》，明确关键技术融合创新、提升全产业链供给能力、加速多行业场景应用落地等五项重点任务。由此可见，"虚拟现实 +"产业发展空间广阔，软硬件、内容的开发前景向好，国家政策扶持下，虚拟现实产业链的发展速度有望加快。

2.VR 教育竞技者的资本推动

VR 教育产业中竞技者的心态对他们的发展有着至关重要的影响。一开始，主要集中于巨头（如百度教育、HTC、网易科技等）围绕政策开展的相关布局。

一些科技公司敏锐地评估到教育领域的广阔前景，涌现出包括网龙华渔、完美幻境、盟云移软、黑晶科技、北京赛欧必弗等进军教育领域的典型代表，还有一些教育类公司也加快引入 VR 技术，如微睿教育从内容入手打造了整套学校 VR 实验室。

在众多角逐者中也不乏跨界者，尤以互联网公司如川大智胜、天喻信息、安妮股份、立思辰，传媒出版公司如凤凰传媒、皖新传媒等。即使在 VR 产业的硬件、交互技术、用户体验方面尚不完善的情况下，教育也一度超越娱乐、游戏成为 VR 领域投资的一大热点。

## 三、VR 教育将成为 VR 行业最快落地方式

两千年前古人传道授业依靠口授，二百年前有了黑板，二十年前有了多媒体教室，现在多媒体教室已经非常普遍了。科学证明，人在听到后，大脑可以吸收 10% 的信息量；看到后，大脑可以吸收 20% 的信息量；经历之后，大脑可以吸收高达 90% 的信息量。这就是 VR 在教育中应用的价值所在。新技术的出现，往往给各个行业带来新的应用和革命，VR 技术应用教育也不例外。

VR 和教育的结合有一个明显的优势，即 VR 可以带给人们完全沉浸式的体验。借助 VR 头显设备，构建一个全封闭的环境。这个时候，人们的感官接收到的视觉和听觉信息都是与学习相关的内容，使人们可以极度专注地去吸收知识，大大提高了学习效率。教育作为一个长远的命题，从过去单一的说教与图文教学的传统教育，进而到融入视听媒体，再到现代多媒体教学如幻灯片、线上网络视频等多元二维学习方式，教育形式的变迁，正不断改变着人们的学习方式。

当下，结合了情景化学习、远程教育、协作学习等多种特性的 VR 技术，突破了人们对三维空间在时间与地域上的感知限制，其技术的迅速发展，赋予了教学方式更多实用手段，为教育信息化建设提供了新的思路和延展空间。在探讨教

育的本质时，我们经常回归到一句传统智慧："以身作则胜过言传教导。"这一观点强调了直接经验在学习过程中的不可替代性，由此解释了为何传统面对面的教学模式长期以来在教育领域居于主导地位。这一现象也揭示了在线教学尽管发展迅猛，但至今未能彻底取代传统教学的原因。尽管网络教学方式提供了便捷的信息获取途径和知识分享平台，但它仍旧难以超越通过亲身体验获得知识的深刻影响。毕竟，人类通过直观感受和模仿来学习的方式，是一种深植于我们本性中的、极为有效的学习机制。正如婴儿学习走路和说话依赖观察、模仿成人的行动和语言，教育的环境和方法对学生的影响是巨大且深远的。

在特定的教学领域，如安全教育，学习者通过传统的教学方法亲身感受和理解学习内容的难度较大，这限制了教育成效的提升。在这种情境下，VR 技术显现出其优越性。通过创造逼真的三维模拟环境，VR 技术让学习者仿佛亲临其境，大幅度提升了学习的沉浸感和实践感。

将 VR 技术整合到教学过程中，能够极大地丰富和强化学习体验。这种新型的、沉浸式的学习模式不仅触动学习者的感官，促使其主动思考，也使学习内容更加生动、更易理解。VR 技术以其丰富的场景再现、强大的交互能力以及增加情感沟通的可能性，能够突破传统教育方法的局限，为学习者提供一种更为全面、更深入的学习体验。教育领域的这一创新，不仅为 VR 技术开辟了广阔的应用前景，更标志着教育模式的一大飞跃。VR 的独有特性，包括其高度的交互性、感知的丰富性以及强烈的现场感，为教育过程带来了前所未有的互动性和趣味性。更为重要的是，VR 使学习者能够在完全沉浸的状态下学习，极大地提高了学习效率和质量。因此，积极探索和推广 VR 技术在教育领域的应用，已经成为教育改革和发展的一个重要方向。

### （一）国外 VR 教育科技企业发展

率先入局 VR 教育领域的是谷歌公司，2015 年 9 月，谷歌公司启动旨在帮助全球各地的教师和学生使用 VR 技术的 "Expeditions Pioneer" 项目。谷歌公司之所以将 VR 应用于教育领域，是因为他们注意到了体验对学习的重要性。该项目涉及的装备主要包括：智能手机、平板电脑、路由器。能把智能手机变成 VR 头戴装置的谷歌纸板盒，通过拼接谷歌街景照片，创造出主要景点和位置的 360°视角。这种"纸板盒 Cardboard"以尽可能低的成本将 VR 带入学校课堂，项目掀起了 VR 教育的热潮，得到了世界范围内众多学校的支持。戴上 VR 眼镜的学生都忍不住地发出惊呼，迫不及待地想要进行探索，他们渴望去了解眼前的一切。他们此时不再觉得自己是在教室内，而是进入了书本描述的世界。他们可以看到地球另一端的景色，可以前往外太空与地球肩并肩，可以去那些早已消失的风景中回顾过往。在 VR 的世界中，地理和时间都不再是限制学生视野的主要因素。他们通过 VR，可以见到更真实、更全面的世界。

谷歌公司不仅将 VR 用于建设课堂教学场景，还将 VR 与就业指导结合在一起。在 VR 世界中，每个学生可以体验自己所期望的工作，感受他们的工作环境、工作氛围和工作内容，让学生为自己的职业生涯提早做好规划。

VR 应用于教育不仅提高了学生的学习效率和学习兴趣，也降低了教师的教学难度和备课工作量。教师教学的最大难点就是如何让学生理解所学内容。借助 VR，学生可以自己去体验和感受，在 VR 的世界里去汲取知识，教师则只需要在一边解决学生额外提出的问题。这种课堂形式取得的效果远远优于教师单方面的讲解。

专注开发教育 VR 和 AR 项目的软件公司 Immersive VR Education 于 2016 年成功开发并推出教育 VR 产品——阿波罗 11 号 VR（2016），其带领体验者亲身走进历史，而备受瞩目的泰坦尼克号 VR（2018）的推出无疑又在 VR 教育领域掀起一股热潮。

Immersive VR Education 通过与英国广播公司（BBC）合作，从 BBC 提供的沉船事件中幸存者的原始采访和证词为参考进行研究，准确再现历史事件，同时，产品独特的叙事结构，让体验者体验真实的故事，比如谁是这艘船的建造者、谁是乘客、谁是遇难者。这款 VR 产品能够准确地描绘事件，具有教育意义、情感性和吸引力，深度体现了 VR 技术在教育方面的可行性和潜力。

在教育与科技的融合前沿，谷歌公司携手 Labster 科学教育集团，为其

Daydream 平台量身打造了超 30 种先进体验的虚拟实验室。这一创新使学生不必踏足实体实验室，即可在 VR 环境中尽情探索和实践各式各样的实验。此举对那些热衷于科学、技术、工程及数学（简称 STEM）领域，期望深造并获得相关学位的学生和教育工作者们来说，无疑具有深远的教育意义和价值。

西雅图等地区先行推行 Oculus Education 试点项目，通过加强与各种机构的技术应用与教学协作，探索 VR 教学场景应用新兴模式，进一步助力 VR 教育发展。

2019 年，Adobe 公司推出了 Adobe Captivate 2019 版本。这款远程学习工具的升级版，专为教育设计师、企业培训专家及教育工作者定制。通过整合 VR 及 360° 媒体资源，该工具使富有沉浸感的学习体验变得简单易行。新版工具的亮点在于它支持创建交互式的演示和培训视频，让学习者可以自由地与学习内容进行互动。此外，360° 的图像和视频资源能够有效加强学习者对知识点的记忆。更为重要的是，它还支持教师远程监控学员在 VR 设备上的学习进度，这为远程教育提供了强大的支持。

### （二）国内 VR 教育行业现状

成立于 2012 年，专注于在线技能培训（包括 PS、三维动画、电子商务等）领域的邢帅教育是教育类公司引入 VR 教育的典型。2016 年 3 月，邢帅教育获 B 轮融资，正式入局 VR 教育。它凭借 VR 技术开发及应用优势，从手机加 VR 设备，把手机插在设备上，利用手机屏幕显示教学内容的初级阶段，到全景 VR 教学，戴上一体机设备，老师和学生在同一个虚拟课堂内教学的中级阶段，再到第三个阶段虚拟教学的发展，为学员直观清晰呈现三维效果，实现真正的情景式在线教学。

100 唯尔教育网作为一个典型的"VR+教育"实践者，其自主研发出的全球首个 VR 教育三维仿真引擎以及其应用管理系统——100 唯尔教育网线上教育软件系统（相当于 VR 教育领域的 Windows 或 Android 的"教育指挥控制系统"平台）受到业内瞩目。在这一系统基础上，凤凰创壹加强和教育专家以及一线教师的合作，通过打造实验室的方式，深化内容建设，开发出的线上教学 VR 云平台，满足了老师拿起 VR 就能教、学生既能听讲又能自主学习的上课需求。在 100 唯尔教育网上，教师只需要一台平板电脑便可一键操控 VR 模型，实现场景的切换。

目前，凤凰创壹以 100 唯尔教育网沉浸式教育软件系统为核心技术已在全国 3000 多所学校开设了 VR 课堂，开课节数已经占到全国 VR 开课总数的 80%以上。

在教育细分领域，K12 是较多 VR 公司市场布局的重头，与微视酷主要面向 2C 不同，酷开的策略是 B 端市场优先。在 2017 年 6 月的发布会上，掌门人李晶旗帜鲜明地公布了"教育 +VR"的 B 端战略。在她看来，VR 消费市场至少需要 3 年的培育期，资金的投入只是加快了技术、市场、内容生态磨合的速度，但是从硬件、软件、用户体验、内容生态到消费者认知都未达到 C 端兴起所需的条件。酷开的打法是在产品商业化落地之前磨炼团队、储备技术。目前，无论是硬件细节还是内容体验感，酷开的产品都算得上精致。

格如灵是一家专注于教育行业并且致力于开发 VR 内容的创新型企业，在经历六个月研发周期后，成功确定并开展了三个主要方向的业务。这包括 K12 教育阶段设计的系列化产品、针对中等职业教育和高等职业教育学校提供的定制化解决方案以及适应各种内容环境（例如，图书馆和海洋馆）的沉浸式体验产品。其中，面向 K12 教育阶段的产品构成了公司的核心业务板块。

网龙华渔教育作为一个传统的教育品牌，其包含学前教育、职业教育、高等教育、企业培训等。在 VR 方面，华渔教育从硬件、技术和资源方面着手，推出了 101VR 沉浸教室以及 VR 编辑器，致力于构建全球学习社区。101VR 教室是一整套教学解决方案，包含软件、VR 教育资源、VR 硬件设备、VR 头戴显示设备、云平台、管理终端等。其打造的 101VR 沉浸教室，学生可以带上设备进入虚拟世界，用体验的方式学习抽象的理论知识，把游戏和学习结合起来，甚至是边游戏边学知识。同时，网龙华渔还推出了 101VR 学院 App，专门用于 VR 师资人员互动沟通、资讯获取及课程的学习。

作为国内早期从事 VR 的创业公司黑晶科技，2017 年推出 VR 超级教室方案，利用 VR、AR、多媒体、人机交互、数据库和网络通信等技术，联合"智能硬件品牌"＋"权威教材 IP 资源"＋"AR/VR 课程开发"＋"VR Super Class 云平台"，构建全体系生态链，形成软硬件一体化教育解决方案。

VR 超级教室课程根据教学场景分为三类：K12 教育体系（幼、小、初、高中教育体系）、高等教育和职业教育、素质教育。目前，"VR 超级教室"已在全国 30 多个省市完成市场布局，在全国 18 所学校落地。

除国内市场，黑晶还与海尔国际教育达成战略合作，计划为美国、加拿大、澳大利亚等全球近 40 个国家，提供专业化、定制化 VR/AR 教育解决方案。

与其他 VR 教育不同，北京巧克互动国际教育科技有限公司聚焦在学科英语教学上。目前，研发团队已完成几百个 3D 全景沉浸式英语学习课件，不但可模拟出国行程，还能模拟国外生活，包括欧美机场、宾馆、饭店、超市等日常生活环境。它发布的"VR Class"产品，由 3D 动画制作软件玛雅打造。"VR Class"为师生实时互动方案，教师和学生通过 VR 共同进入虚拟场景进行"实地"教学活动，解决课堂教学素材问题。

上述例子只是众多 VR 教育公司的部分代表或缩影。从 VR 教育行业的发展历程来看，政策的推动及资本的进入，在一定程度上加大了 VR 教育开发力度，也缩短了应用的开发周期。

### （三）VR 教育行业方向及瓶颈

VR 对教育而言，最大的魅力在于其真实、互动、情节化的特点，可以将传统的单向教育转化为认知交互、沉浸式体验模式。通过与三维物体、周边环境的交互，它将课堂上教师没有办法用语言描述的、抽象的内容，通过具体的、3D 的、360 度的、全沉浸的场景给学生展现出来，消除时间与空间造成的认知阻断，提高教学质量和呈现效果。

当下，国内 VR 教育公司围绕市场形成以下几个方向：

VR 教育市场渠道：主要集中于传统教育类公司或者教育行业资源多的公司，以行业渠道，聚集 VR 硬件和内容资源做市场开拓。

VR 行业技术培训：包括高职院校及特定专业方向培训，主要针对具体行业应用的培训市场，如建筑业、医学、游戏等行业。

VR 教育内容生产与运行维护：针对学生的安全防护教育，如火灾、地震等 VR 版本的教育内容；专门针对英文板块教学内容；针对教育内容做定制项目的内容生产，如应用到硬科学领域，包括生物学、解剖学、地质和天文等；包括实际课程全景摄像制作成 VR 内容，建立教育内容聚焦平台等。

VR 教室控制系统：由教师控制多台 VR 头显设备，主打教师控制系统；打造 VR 超级教室，实现全面的 VR 教室配备。

一项新技术想要真正在大众消费市场普及并非易事，要经历长时间的市场考验。VR 技术的更新迭代离不开 VR 人才培养市场，还要不断解决 VR 硬件在实际应用中的种种问题。

硬件设备只是一个载体，对 VR 产业来说，内容一直都是核心要素。在 VR 教育领域，这一点表现得更为突出。教育领域知识的历史性与传承性决定了教学过程中知识的沉淀必须持之以恒并准确务实，可以硬件迭代，体验升级，但不能拿学生的认知和学习试错。

如何制作出既符合交互性、沉浸式学习的模式，又能精准描绘知识的 VR 教育内容，成为摆在市场面前的一大难题。某种程度上，VR 教育的内容将直接决定这一市场的生命持久力。

因此，VR 教育在硬件技术端发力的同时，也要针对当前中国的教学实际，结合未来发展，各方力量凝心聚力，制作出适合于基础教育应用的 VR 内容，搭建起真正可应用的 VR 教育内容云系统。最终创建易于 2B2C 端接受，从内容制作到设备提供与便捷化使用再到人才的培养与输出的一整套教育解决方案。

（四）VR 教育行业未来之路

VR 教育在经过资本的热度、市场的洗礼后，度过了被高唱颠覆教育方式或是变革教育方式的时期，作为教育信息化建设的一大方向，并非用来颠覆或取代传统教学。

诚如业内人士所说，VR 技术在可预见的未来都会是课堂的辅助工具，它的角色颇有点儿像十几年前的多媒体之于课堂。然而，它无法解决在线教育的普遍痛点：缺乏传统课堂的约束力，大多数人都没有足够的自制力去学习——即使面对的是最优质的教学内容，学生自主学习能动性和个性差异等因素也会产生很大影响。VR 教育更多承载的角色应是知识教育的一种补充和加成。

如今，伴随着 5G 技术的应用，VR、AR、MR 等现代技术的发展，"5G+XR+教育"也开始实现技术上的深度融合，针对不同使用环境、使用需求及使用方式，为消费者提供多样化的、最合适的设备服务。

人们也欣喜地看到，以兰亭数字为代表的企业通过将 MR 智慧教育定制化教育硬件、软件、定制课件、传统课件融为一体的方式，实现了教育内容设计规划、远程多地多人协同，成功远程赋能贵州毕节的同步数字教育，让偏远山区的孩子用较少的成本，同享一线城市优质教育资源。VR 教育在智慧教育扶贫，解决教育两极化，拉平教育鸿沟上开创了更多可能。

中国有着全球最庞大的教育市场，也是最重视教育的国家之一，VR 教育应用呈现出更加美好的可视化未来，对教育产业、教学模式的长远影响都将是正面的。

VR 教育具有 VR 和教育的双重属性，不只是简单的 VR 硬件与软件的结合，更多的应是知识传授与学习的新革命。

时代裹挟着技术、资本引领人类步入第五次科技浪潮，在笃定的下一代计算平台上，VR 教育有望成为 VR 垂直行业应用翘楚。

在前进路上，教育机构应该更深入地了解 VR，以及 VR 能做些什么，并制定适合自身的 VR 教育系统。VR 企业除了技术的迭代更新，还需站在教师和学科的角度了解教育，设计产品，通过 VR 技术的运用让教育变得更好。

VR 游戏、娱乐等，需要提供"真实化"落地场景，满足用户更高体验感需求，VR 教育行业更多的关注点则在内容而非体验上，所具有的可商业化变现能力更强。

教育作为刚性需求，利用"5G+VR"技术实现线上远程交互教学，不仅能更好地提高学习兴趣及学生主动性，帮助学生理解知识，增加亲子互动外，对于学生无法开展的劳动活动、课外实践等，VR 教育也可超越常规教室学习，有效实现部分学习场景的替代，从而催生 VR 教育的进一步普及。同时，传统渠道商在教育方面长年积淀的优势，也便于 VR 教育落地，应用到政府、学校等场所。

## 第二节　VR 技术在教育领域的应用现状及对策

### 一、VR 技术在教育领域应用的现状

#### （一）应用类型

在当代教育领域，VR 技术凭借其独特的优势，已经成为教与学过程中不可分割的一部分。具体而言，VR 技术根据其使用方式，可被归类为桌面型、沉浸型、增强现实型、分布型及混合型五大类别。在这些多样的形态中，教育界特别偏好成本效益较高的桌面型与沉浸型 VR 方案。桌面型方案因其对计算和显示硬件的需求相对较低，使它们能够轻松地在普通的个人计算机或是入门级别的工作站上执行虚拟模拟任务。另一方面，沉浸型 VR 通过利用头戴式显示器、手套以及各种追踪器，营造了一个全方位的虚拟体验环境，让使用者感觉自己似乎真的处于另一个世界中。这种类型的系统，依照其技术实现的具体方式，还可以进一步分为基于头戴显示装置的系统、环形屏幕投影系统和远程感知系统。在我国的教育行业中，主要普及的沉浸型 VR 解决方案以基础性能的环幕投影式 VR 系统为主。

#### （二）应用方式

VR 技术在教育中的应用是多方面的，涵盖了实物展示、模拟教学、虚拟实验室以及技能训练等众多领域。通过实物展示功能，学生可以全方位地查看教学用具、设备以及加工过的产品，进而深刻理解它们的构造和运作机制，这有助于学生更深层次地掌握实物的构成与原理。利用 VR 创建的模拟教学场景，学生能够身临其境地扮演不同职业角色，通过角色模拟深入探究职业内容，有利于快速

获得深刻的学习体验。在进行虚拟实验时，VR 技术可构建一个高度仿真的实验室环境，学生可以像在真实实验室中一样操作各种实验步骤，比如仪器的设置、调整、问题诊断及维修等。技能训练方面，VR 的沉浸式和互动特性使学生可以在安全的虚拟环境中进行各种技能的学习和练习，包括飞行模拟、地铁驾驶、外科手术等，这不仅降低了实际操作过程中的安全隐患和成本，也提升了学习的兴趣和实际应用价值。

### （三）应用特点

在教育领域，VR 技术展示了其独特之处，包括实践性、情境性、过程性和开放性四大特性。首先，就实践性而言，通过模拟真实世界的操作环境，VR 技术不仅能够对技能形成过程进行深度分析，还能实现技能培训过程的可视化，这大大增强了培训的有效性和效率。其次，在情境性方面，VR 技术可以创建高度逼真的学习环境，这样不仅能使难以理解的抽象概念变得直观，还能在更广阔的视角下审视微观问题，同时简化复杂问题的表达，使其更易于学习和掌握。再次，过程性特征意味着 VR 技术支持基于实际工作情景的案例教学，让学生能全面认识并掌握各种工作流程，有助于他们更快适应实际的工作环境和岗位。最后，VR 技术所具备的开放性，为学生提供了一个广泛且内容丰富的学习资源库，这不仅满足了不同背景和学习阶段学生的个性化学习需求，也扩展了教育的可能性和范围。

### （四）应用维度

截至 2022 年 3 月，根据知网数据库中以"虚拟现实 + 教育"作为检索关键词的结果显示，CSSCI 和北京大学核心期刊共发布了 296 篇相关研究论文，而这一数据量正呈现出稳步增长的趋势。这些论文探讨的主题不局限于 VR 技术的基础研究，更延伸至职业教育、心理健康教育、安全教育、思想政治教育、建筑教育等多个领域。VR 技术在教育行业的应用展现了多样化的形式，包括但不限于演示教学、实践操作教学以及远程在线教学，其中在安全普及教育、职业实训教育等方面显示出了出色的应用成效。

1. 安全普及教育

推广安全教育的重要性显而易见，与此同时，VR 技术在这一领域内展示了其巨大的发展潜力。作为技术发展的前沿，"VR 安全教育系统"在增强感知体验、互动操作和数据处理能力方面取得了显著进步。即便如此，该系统的发展还面临着硬件高成本和心理健康研究不足方面的限制。

针对安全教育，VR 技术不断取得新的进展。张婷和她的团队所开发的一套火灾逃生 VR 教育系统，通过整合不同的模态，显著提升了用户在视觉、听觉和触觉方面的体验，并增加了温度感知功能。借助 Unity 3D 技术和 HTC VIVE 头戴设备，吴可玉使 VR 训练系统达到了更高的操作自由度。林一引入了"反思性思维"和"个人参与因素"，为实际演练注入了更多的个性化和目的性元素。这些创新不仅增强了多感官沉浸感，还通过追踪用户的生理数据（如血氧水平和心跳速率）来提高虚拟体验的真实感、灵活性，以及系统的适应性和精确性。

2. 高校思政教育

在高等教育体系中，思想政治理论课程起着至关重要的作用，能塑造学生的道德观念。此外，VR 思政平台及其相关教学工具在应对思政课教学中遇到的诸如"后发性、割裂性、混杂性"等挑战方面，起到了决定性的作用，被广泛认为是这些问题的有效解决方案。这类技术的引入极大地提升了教育过程的质量，不仅提高了教师的专业水平和伦理标准，同时也显著减轻了学生的学习负担，使教与学之间的关系更加和谐。

学生方面，VR 技术显著激发了他们对学习的热情。以张爱民团队对 VR 作品《最后一战》观后感的研究为例，结果表明这项技术确实能够提高学生的专注力和积极参与度。此外，吴东姣创建的 VR 学习环境模型，通过其独特的规则、角色分配及互动机制，自然而然地引发了学生对国家的情感连接，激发了他们成为国家栋梁的志向和报国的决心。教师方面，运用 VR 技术代表着教师对自身职业能力进行的一次必要提升。秦晓华等人强调了利用 VR 技术优化课程教学流程的重要性，旨在全面提升教师的技术应用能力及职业道德水平。在师生关系方面，VR 技术已经引发了传统教育模式的转变。王彦龙指出，VR 技术的运用重新界定了课堂中的角色分配，让学生成为课堂互动的主体。赵亮及其同事认为，VR 技术在教师与学生、教授与学习、动态与静态之间建立起了新的沟通桥梁。因此，在"教师—VR—学生"的互动模式中，VR 发挥着极其重要的调节和促进作用。

总的来说，VR 技术的融合不仅仅是对学生和教师各自产生了积极影响，更重要的是促进了教与学之间的动态交互，极大地丰富了教学内容和形式，有效地解决了以往的一些教学难题，同时，也优化了师生间的相互关系，构建了一种更加高效和谐的共同进步的氛围。

3. 职业实训教育

职业教育具有"实践性强"的特点。从教学理念的角度出发，引入 VR 技术可以极大地促进现代职业教育核心理念，如"注重实践、积极探求、持之以恒的学习"等。举例来说，陈杰和他的团队模仿了美国医学领域采用的 VR 实验教育方法，引导教育行业从传统的"理论至上、忽略实践"模式转向重视技能获取、训练和实际应用的模式。此外，VR 技术的应用使"翻转课堂"成为可能，教学内容的传递形式从教师的讲述转变为学生间的互动交流，激励学生将学到的知识主动转化为实际技能，而非仅仅是被动地接受知识。马欣悦及其团队所研发的 VR 实训系统，开辟了实现终身学习理念的新途径。

在教学平台方面，赵俞凌设计的职业教育实践平台，基于物联网技术，能够支持不同地理位置（包括个人计算机、手机和线下环境）以及多用户（通过局域网或者广域网）的协同工作，提供了丰富的虚拟资源，创造了大量的实践机会，并便于学生进行在线交流。

从教学框架的视角来看，VR 技术为职业教育注入了新的活力。比如，郭欣悦通过创设"虚拟与现实融合的学习场景"，达到了"即时学习、即学即用"的目的。郑菲菲则利用循证教育的原则，结合虚拟现实和混合学习活动，收集并分析了教学与学习的数据，从而为教学过程提供了全面的反馈。

总而言之，VR 技术的应用紧密契合了职业教育重实践的特殊需求，促进了以"教师为主导、学生为主体"的教育新理念的推广，并推动了虚拟与现实结合的教学和实践平台的发展，对构建一个全面、系统、动态平衡的 VR 教育生态系统具有重大意义。

### （五）应用效果

#### 1. 教学环境显著改善

对比传统课堂设置，VR 教育环境展现出了一系列突出的益处。首先，授课场所的选择性显著增强，摆脱了对固定场所或地点的依赖，这不仅让教育活动变得更加便捷，也提高了其安全性。远程的学生如今可以在全球任何角落、任何时间，享受到仿佛身临其境的场景式学习，有效避免了现实教育场景中可能出现的危险。其次，对教材内容的约束得以消除，那些曾被认为"难以用言语表达、难以再现"的知识点，如今可以以更生动、更直观的形式呈现。通过整合 VR 技术与大数据、云计算等尖端科技，创建一个能够涵盖几乎所有知识领域、能实时更新信息的平台，促进不同学科之间的交叉融合及不同学习阶段之间的有效串联。借此平台，教育者可以更精准地满足学生个性化的学习需求，制订出更加高效的教学计划。最后，VR 教学方式能有效排除那些可能干扰学习成效的不利因素，显著增强学生的学习体验及理解力。通过打造一个全方位沉浸式的学习空间，VR 技术把难以捉摸的抽象概念转换为易于理解、具体的实践体验。依赖视觉、听觉、嗅觉等多感官的综合刺激，学生的注意力得到提高，使学习过程转变为一次饶有兴趣的"体验之旅"。

#### 2. 教学模式的转变

我们正迈向一个智能化的时代，教育模式的革新变得尤为重要。借助 VR 技术的独特互动性和吸引力，它已经成为推进教育革命的关键。这项技术通过创建 VR 教育游戏、加深学习者的归属感、刷新教育内容架构等多种方式，为教育界注入了新的生机与活力。由 Google 开发的 Project Expedition 采用了"寓教于乐"的方式，使学生能够在虚拟或模拟的环境中直接体验到前所未有的场景，如火星探险、探索玛雅文明遗址等，这些是传统教育中难以拥有的体验。而且，VR 教学的高度参与性极大地激发了学生的同理心，促使他们积极地探索和证实新知识，从而培养了高度的归属感和成就感。VR 技术在教育领域的应用，促进了学生认知处理和知识结构的建构，确保了虚拟学习环境中的教学活动能真正以学生为中心，将知识从"内心理解"转化为"实践操作"，实现了教学与学习的无缝整合。

3. 学习能力快速提升

VR 教育通过其丰富的虚拟场景和实践活动显著促进了学生在观察、记忆和思维能力方面的增长。高度仿真的虚拟环境尤其在增强学生的观察力和想象力方面发挥着重要作用。这些精细的三维模型，既可以复制现实世界的元素，也可以基于纯粹的创意，为学生提供一种高度沉浸式的感官体验，满足了学生对幻想的渴望，从而提高他们对信息的捕捉和处理能力。在此基础上，科学的虚拟实践过程对促进学生的主动探索和创新能力起到了至关重要的作用。通过体验虚拟实践，学生可以不断扩充和深化他们的知识结构，促进创新思维和社会实践能力的发展。创建的虚拟实体和环境应紧密贴合学生的实际，与教育创新的趋势同步。

4. "璧合"优势广泛认可

随着多样化的 VR 教育应用不断地发展与完善，我们目睹了教育成效显著的提升。从技术核心及社会需求的视角，学术界已经深入讨论了 VR 技术在教育界的融合带来的显著优势，并得到了广泛的认可。一方面，VR 技术与教育领域之间存在着自然的吸引力，通过利用 VR 的独特优势极大地激发了教育潜力，这标志着在技术与教育双领域的互动优化和各自优势的相互补充。另一方面，作为一种新兴的媒介，VR 与年轻一代的社交倾向完美契合，尤其是在 VR 的重度用户中，超过 60% 是年轻人。VR 技术在连接虚拟与现实世界的过程中，构建了物质与信息交流的桥梁，这为建立大型的教育虚拟平台提供了坚实基础。更为重要的是，VR 在社交领域提供的深度沉浸体验，对于未来人类社交方式的重塑具有重要作用。

借助 VR 技术，教育实践已经突破了时间与空间的限制，实现了虚拟场景与现实体验的无缝结合。"虚"与"实"的互动，创造了一个内容丰富且高度沉浸的学习环境，推动了以学生为中心，娱乐与教育相融合的教学模式的发展，极大地提升了教学的质量。VR 技术不仅打破了现实世界对人类活动的限制，还开辟了获取知识的新渠道和方法。

### （六）应用优势

#### 1. 改善教学环境

置身虚拟世界中，学生有机会深入体验职场生活并锻炼自己的职业技能。这种方式不仅加深了他们对知识的理解，还有助于他们有效地掌握所需技能。VR 技术与教育的深度融合，在一定程度上改善了教学环境，弥补了传统教育的不足。

#### 2. 提高实践效率

在开始具体的操作训练之前，学生可以通过虚拟环境中的预先训练，对操作过程中的重点和目标有一个基本的认识和了解。这样的准备工作能够明显提升实际操作训练的成效。

#### 3. 激发学习兴趣

借助虚拟环境的学习体验，学生可以跳出传统的书本知识和普通的多媒体教学模式，通过模拟真实的多样场景来学习。这种创新性的学习方法能够显著增强学生学习的积极性，激发其学习兴趣。

#### 4. 提升专业技能

通过在虚拟环境中"做中学"，学生能够将理论与实际操作能力有效结合起来。这种做法不仅加强了他们的实操技能训练，也进一步提升了他们的专业技能水平。

## 二、提高 VR 技术在教育领域应用效果的对策

### （一）进行教学改革，提高教师素质

在教育革新的道路上，高等教育机构必须采纳创新的教学方法和课程架构，并对教学环境进行现代化升级。这包括积极推动理论与实践相结合的教育模式，

利用 VR 技术打造出一种模拟真实职场活动的虚拟学习环境。在这种环境中,学生能够通过"做中学、学中做"的方式深化理解;同时,探索基于场景体验的学习方法,让学生在面对和解决实际问题的过程中,培养出对学习的兴趣,提高他们的学习效率和综合素质。在教师团队建设方面,高等教育机构需打造一支具有高质量和专业化的师资队伍,这些教师不仅需要熟练操作虚拟学习平台,还要能够在实际操作中指导学生解决问题;强化与企业的合作,通过派遣教师到企业进行实地培训以及邀请企业专家参与教学过程,既能提升教师的专业水平,也能帮助学生更好地适应职场环境,并且为虚拟训练与实际工作之间的无缝衔接提供了坚实的桥梁。

### (二)合理开发虚拟平台

在虚拟教学平台初期的开发阶段,全面的调查研究尤为重要,这有助于深入了解所需的专业技术能力,并据此识别出核心的教学情境,为虚拟平台的内容设计提供指导。开发者应充分认识到学生在学习中的偏好和需求,这一点对于精心规划平台的互动性及展示形式至关重要。在搭建这一平台的过程中,强烈建议采用模块化和开放式的开发策略,这意味着将整个平台分割为若干个子系统,每一个子系统作为一个独立实体运作,并通过标准化接口进行互联,旨在为将来的升级简化步骤。为教师提供一个简单易用的内容更新机制也格外关键,以便在需要更新数据时,教师可以轻松独立地完成。开发虚拟教学平台时,采用以用户为中心的设计理念,提供即时的操作指南,特别是加入现实工作环境中的操作建议,或是通过多媒体工具来展示不正确操作的可能结果,提升学习者遵守操作规则的自觉性。

### (三)建立设计评价标准

在 VR 技术的世界里,存在着多样化的技术种类,每种技术都展示出了不同层面的复杂性。鉴于此,构建虚拟教学平台及其评估过程,均应遵循既定的一系列标准和指导性原则。这些标准和原则主要着眼于判断教学平台是否能达到预设的教育目标、所带来的教学效果以及这些目标的实现情况。在教育领域采用 VR

技术时，其设计准则应该聚焦于三个主要方面：需求性、科学性和实施的可行性。同时，评估标准也应全面考量，包括虚拟教学平台是否达到了既定的教学目标、技术性能的展现以及最终的应用效果等。特别值得一提的是，那些能有效提高教学质量、具备显著特色和能够惠及广泛用户的虚拟教育产品，在教育领域的运用特别广泛。通常情况下，虚拟教学产品的研发模式分为三类：学校独立研发、学校与企业合作研发以及企业自行研发。

### （四）与实践教学相结合

引进VR技术后，学生的兴趣明显提高，教育成效亦随之提升。尽管如此，该技术无法完全替代面对面的实践操作，特别是在那些重视学生动手能力的领域内，这一局限性格外突出。随着VR技术的不断发展，教育行业对虚拟现实作为训练工具的依赖将会持续增加。目前而言，采纳"虚拟现实训练＋实操训练"的混合教育模式被认为是一条有效途径，其目标是探索并采纳创新的教育策略。

## 三、虚拟现实教育的未来展望

由教育部等五部门联合颁布的《教师教育振兴行动计划（2018—2022年）》强调了前沿技术的重要性，特别是通过"充分利用VR等新技术，推进信息化教学平台建设和应用，实现自主、合作、探究的教学方式变革"的指导原则，旨在引领教学方式的革新。当前，VR教育的发展应侧重三个关键方向：VR资源推进教育公平、VR教育嵌入情感反馈、"VR+AI"实现深度融合，以全面推动教育行业的发展。

### （一）VR资源推进教育公平

学生的行为差异并非仅由接受教育的时间或生活地点直接决定，其背后更深刻的影响因素在于教育资源的获取程度。通过采纳"VR促进教育公平""教育促进社会公平""社会公平即教育公平"的观念与策略，VR技术开辟了改善教育资源分配不均衡的新途径。

VR技术的引进为教育资源整合与共享打开了大门，使"起点公平"的理想有了实现的可能性。举例来说，位于四川省凉山州的贫困区域内的学生现在可以借助 VR 虚拟教室技术，与成都市泡桐树小学的学生共享优质教育资源，轻松访问一流的教育内容与高品质的学习材料。此外，VR 技术不仅使教育更加民主化和公平化，而且通过提供个性化服务，进一步促进了教育过程中的公平。VR 技术在教育扶贫方面展示了其独有的价值，从根本上促进了教育的公平。除了 VR 课堂，还包括 VR 实验室、VR 学习社区及 VR 装配训练室等，在政府推动的"五位一体"合作模式下，这些应用已经开始在贫困地区实施，使 VR 技术成为促进教育扶贫的一股新动力。

因此，通过清除地理和信息获取的障碍，VR 技术为城镇、乡村甚至偏远山区的教师和学生提供了同等的教育机会和优质的教育资源。VR 技术的整合创新了同步教学与共同学习的模式，实现了教育资源从稀缺到充裕的转变，推动了教育的民主化、平等化及个性化发展，从而为实现教育公平的终极目标迈出了坚实的步伐。

### （二）VR 教育嵌入情感反馈

当虚拟学习环境充满沉浸、临场以及交互的特性时，便成为掌握技能的理想领域。VR 教学的实施需突出情感的唤起与回应，将枯燥的文字或静态图像转换为饱满的感官体验，以此大幅提高教学的效率。相反，如果仅限于追求技术的精确参数，不仅不能去除"人造"元素和明显的"预设"痕迹，还可能出现"情感脱节"的问题。一方面，VR 技术在嵌入情感回应的效用上应受到重视。例如，有学者提出，在 VR 环境下的情感投入可以促使信息被更深层次地加工，并加强学习过程中的记忆。另一方面，必须调整对技术细节的过分关注。有研究者尝试通过增强反馈互动来提高医学教学效果，但发现这些以数字为主的抽象反馈既不能提供实时的操作指导，也难以满足个性化和人文化的需求。因此，VR 教育的关注点应转向探索如何通过情感反馈让体验者的感知产生跨感官的连续自然衔接，避免 VR 等尖端技术成为潜在的"认知短路"威胁。综上所述，VR 教育的核心应聚焦于"以学生为中心"的理念，把"情感体验"作为关键导向，精心设计能够激起共鸣的情感环节，增强反馈分析，将数字化的表达转化成直观的情感回馈。通过建立个体与集体之间的互动"循环"，实现从孤立学习向集体互联的转型，让学生在融入情感的过程中获得更加深刻的沉浸式体验。

### （三）VR+AI 实现深度融合

在 VR 和 AI 的领域中，两者的主要关注点分别是重塑现实环境和深入理解人类智能的基础属性，它们的技术融合并不频繁。这种情况为它们提供了相互补足的机会。也就是说，通过结合 VR 和 AI，这两者的共同作用有潜力彻底改变未来教育体系和其发展方向。

就教育的本质意义而言，VR 与 AI 在教育界的目标是一致的。AI 的教育贡献主要体现在三个关键方面：转变学习模式，推动个性化学习的发展；提高教学效率，减轻教师的工作负担；改进管理过程，提升教育机构的管理效能。这些目标与 VR 在教育中旨在改善教学环境、更新教学方式、提升学习效率的愿景不谋而合。

从实现机制来看，VR 和 AI 在其领域内相辅相成。VR 通过创造逼真的沉浸式环境，而 AI 则通过识别分析用户行为模式和思维习惯，以实现教学内容的自动化、精确分配和智能化推荐。因而，"VR 与 AI"紧密结合尤其适用于分布式虚拟仿真的教育场景，在 VR 课堂、VR 实验室和 VR 训练场景中实现智能互动，促进探索性和自适应的学习进阶形式的形成。明显地，"VR 与 AI"不仅推进了教育目标的达成，还激发了教育发展的新潜力，驱动教育朝着更高品质和更加公平的方向发展。

总而言之，"VR 与 AI"标志着教育革命新纪元的开端，从根本上改变了技术与教育之间的关系。正如专家赵沁平预测的那样，"VR+AI"的组合将定位为教育技术的最终形态，这种整合将对未来的学习方式、教学模式甚至人类社会的多个层面产生深远影响。例如，由清华大学开发的中国首个虚拟学霸"华智冰"，其学习能力已经远超常人。虽然她目前仅以虚拟形象存在，但在未来，她可能获得实体机器人的形态，并具备人类水平的认知和情感交互能力。

# 第三节　VR 教学资源的开发现状与应用评价

## 一、VR 教学资源开发现状

不同行业专家在其专业领域和教育应用的角度存在差异，对"虚拟仿真"与"虚拟现实"的认识上也各不相同。通过对 VR 教学资源开发现状的归纳，VR 教学资源主要分为以下四类：

### （一）漫游类型 VR 教学资源

在 VR 教育领域，漫游类型 VR 教学资源应用非常普遍，它大体上可以分为三种主流类型。

#### 1. 单纯式漫游

在单纯式漫游中，学生可以通过一个立体的、逼真的场景进行探索，他们需要使用鼠标或键盘来进行场景导航。遵循一系列的操作指引，学生能够掌握并了解他们所在环境的众多特性及目标，进而达到一种宛如自身体验的学习成效。例如，在景观设计学科中，学生能够进行类似于现场考察或是对特定目标进行观察的虚拟训练。

#### 2. 互动式漫游

互动式漫游在"单纯式漫游"的基础上获得了进一步的发展，引入了互动性组件。通过对特定场景元素的点击，用户可以触发互动，执行相关动作，这有助于用户深入理解学习互动对象的相关知识或操作程序。一个具体示例是，在一个虚拟图书馆里，用户可以通过模拟翻书的方式来查询信息。

#### 3. 含逻辑属性的漫游

在含逻辑属性的漫游中，场景中的对象运动或交互基于一套科学理论，如动力学、物理学、力学和化学等，旨在重现真实世界中的运动现象。例如，在电力系统的应用中，设计者可以开发出一种融合了 VR 技术的电气作业机器人，不仅提升了用户的互动操作精度，还增加了操作的现实感。

## （二）考核类型 VR 教学资源

评估 VR 教学资源的核心在于量化学生的学习成效，此过程分为四个关键维度。

第一，通过"判断轨迹"来监控学生在漫游过程中的移动路径，以此来评估学生是否沿着正确的路径进行移动。

第二，通过"判断操作"环节，考查学生在虚拟场景中与对象互动时的操作模式是否符合规定标准，旨在评估操作的准确性。

第三，系统通过在虚拟环境中向学生随机提出相关问题（称为"考核知识"），来检验他们对关键概念的理解程度。

第四，通过构建集成了动力学和物理学原理的复杂交互式虚拟场景，来考量学生对于特定技能的掌握水平。举例来说，在一个虚拟的汽车维护场景中，学生被要求完成更换机油、滤清器及轮胎平衡测试等一系列任务，并根据完成的任务情况填写工作报告，系统随即提供基于任务执行质量和流程的实时反馈。

## （三）可穿戴传感器类型 VR 教学资源

可穿戴传感器是指体积小巧、功能专一的设备群体，包括但不限于用于定位的头套、输入数据专用的手套、操作专用手柄以及步行检测的脚垫等。装备这些传感器并利用身体动作进行操作时，学生可在 VR 环境下对不同的位置、工具、显示设备和物件进行评价或者进行深层次的交互。有研究者创新性地开发出了一个基于 VR 技术支持的地震救援训练系统。该系统利用一个整合了红外夜视、通信和保护功能的先进头盔，允许学生在同一界面上观看到真实世界与虚拟对象融合的视图，极大地简化了定位受困者位置的过程。采用类似 VR 技术的还有工程机械操作训练系统，该系统通过手柄和按钮的操作，使计算机模拟的塔式起重机的各个组件能够精确移动，并真实地模拟起重过程。另外，在食品机械设计领域，借助 VR 技术构建的一个平台，通过整合数据手套和头盔等传感器的功能，为学习者提供了一种仿佛身临其境的体验，使他们能够直接探查和检验虚拟环境中的物体。

### （四）专用传感器类型 VR 教学资源

在评估 VR 教学资源时，将专用传感器类型与可穿戴类型进行对比，可以观察到，专用传感器类型的资源以其独特的构成优势脱颖而出。这类资源由一个多传感器的综合系统构成，其中每个传感器扮演着不同的角色，拥有各自的功能。这种类型的教学资源获得了软件和硬件平台的全力支持，常用于创建情景模拟训练场景，不仅适用于个体自主学习，同时也适用于多人协作学习。它们能够根据特定的职业操作需求，定制各种操作角色，并进行实际操作的模拟训练。举例来说，采用 VR 技术开发的空间定位训练系统，可以为航天员提供飞行前的适应性训练，帮助他们依靠视觉信息掌握空间定位技巧。在此系统中，头部位置的监测是通过安装在头盔上的传感器来完成的，而运动追踪则依赖电磁追踪设备，手部动作捕捉通过数据手套内的角度传感器实现，力反馈则是由力反馈装置提供。另一实例是虚拟现实焊接培训模拟系统，其传感器装备包含主机、操作台、焊枪和焊帽等组件，尤其是焊帽，它与数据头盔功能相似，能够接收三维视觉信息，从而为学习者提供全方位的焊接技能训练。

在数量方面，由于技术门槛较低，漫游类型的 VR 教学资源的开发较为普遍，而那些对软硬件有更高要求的专用传感器类型 VR 教学资源则开发数量较少。在稳定性方面，考核型 VR 教学资源展现了较高的稳定性。从时间发展的角度来看，随着计算机技术的持续进步，特别是硬件质量的提升，专用传感器和可穿戴传感器类型的 VR 教学资源开发日渐受到人们的重视。

## 二、VR 教学资源应用效果的基本评价

### （一）评价指标设计

评估 VR 教学资源应用成效的方法包括专家的评审、教师的反馈以及学生的评价等多种方式。本书采用学生评价作为主要的评估手段。在设计评价指标时，主要从两个方面出发：主观感受与客观成效。主观方面的评价指标涵盖了学习的兴趣、效果、环境氛围以及遇到的难度等；客观方面则关注了学习者在知识记忆、理解、应用和创新方面的表现。

在此框架下，学生接触并学习了四种不同的 VR 教学资源，随后，将这些资源的效果与传统的教学手段——主要依赖文字描述和图像展示的方法，进行了比较分析。

### （二）评价结果分析

#### 1. 主观支持结果分析

在一个月的研究期间，学生分别使用了 VR 教学资源和传统的教育材料，完成了他们的学习任务。学生按照一套既定的、具体的评价准则，填写了以主观感受为基础的调查问卷，并通过对数据的整理，进行了平均值的统计分析。

在教师的引导下，学生通过 VR 技术的支持，进行了模拟实训。这种模拟实训学习方法属于人机互动的自主学习形式，它不仅能激发学生的学习兴趣，还能提高学习效率。基于此，当考虑主观评价指标时，研究人员可以通过分析可穿戴和专用传感器类型的 VR 教学资源对学习兴趣、学习成效以及学习环境氛围的影响，进而对学习难度进行进一步的评估。将 VR 教学资源与传统型教学资源进行对比，可以得出学生对于传统型教学资源的主观体验，由此得出学生是否赞成教师仅使用传统型教学资源进行上课的结论。

#### 2. 客观支持结果分析

在比较传统的主观评估和客观评估方法时，后者的评价结果更多地依赖对学生在理论考试及实操表现的量化分析。理论考试旨在衡量学生对专业知识的记忆程度与理解深度，而实操表现则反映了学生在应用这些知识解决实际问题时的能力和创造性。研究者利用这些量化数据进行平均值的计算，能够获得一个更加中立的评价视角。

关于专业基础知识的记忆，不同学科对学生提出了不同的要求。学生获得这类知识通常需要系统的、整合的和协作的学习方法，例如"符号学习""概念学习""命题学习"。采用这些方法时，传统教学资源展现了其独特的价值。而在理解知识方面，学生不仅仅需要掌握基本知识，更重要的是理解这些知识元素之间的相互关系。这一深层次的理解过程更注重于创造一种有利于学习的环境，特别是 VR 教学资源的使用，能显著提升学习的互动性和体验性，帮助学生深化对知识的理解。

在应用知识的实践中，使用传感技术的 VR 教学工具可以通过模拟实际情况，助力学生将理论知识转化为具体的操作技能。至于知识创新的领域，VR 技术的应用不仅打破了传统教育的界限，还极大地促进了学生的创造性思维和想象力的发展。特别是在人机互动的学习环境中，学生能通过积极的合作和探索来完成任务，这不仅教会了他们如何创新，还激励了他们追求创新和善于创新的精神。

## 三、现行 VR 教学资源建设改革的建议

### （一）机制上：建立 VR 教学资源建设制度

VR 教学资源具特殊性，相较于常规教学资源，其建设需遵循《教育资源建设技术规范》，且须学校层面制定 VR 资源建设制度，涵盖建设指南、技术规范、经费支持等方面。

1. 建设指南解决为什么建设的问题

首先，提高教师对 VR 教学资源的关注度，使他们认识到这些资源在教学过程中的关键作用。其次，建设指南指明了教师如何在各个领域内创建 VR 教学资源，并激励教师投身这一建设活动中。

2. 技术规范解决怎么建设的问题

设立一套技术标准，并建议在 VR 教学资源的开发基础上加以扩充。根据资源类型的不同，其开发所需的技术和制作方式也会有所区别。

3. 经费支持解决建设投入问题

鉴于 VR 教学资源开发的技术复杂性和长期性，其建设需要得到学校政策层面的强力支持，特别是在经费的提供上。

### （二）技术上：提高 VR 场景仿真效果

通过采用 VR 教育工具，学生能够在一个高度仿真的虚拟空间里进行知识学

习和技能训练。这种方式不仅提高了学习的效率和标准化程度，而且极大地简化了教育过程。对研发团队而言，深刻理解虚拟现实在教学领域的应用潜力是非常关键的，应当深入挖掘 VR 技术在环境构建、用户交互等方面的潜能，以此提高 VR 教学资源的仿真度，提升产品品质的同时，建立品牌形象。对于教育从业者而言，一方面，需加大对 VR 学习资源开发的经济投入。面对资金短缺时，可以采用分步实施的方式来确保资源的优良品质。另一方面，应实施严格的质量验收程序，对于那些仿真效果不佳的教学资源进行必要的调整和优化，保障所有经验收合格的 VR 项目都能够满足学生的学习与训练要求。

### （三）学术上：重视 VR 相关的教学改革研究

从教育者的视角出发，一方面，教学改革研究能够促进教师更新他们的教学理念，激励他们学习并掌握 VR 技术。通过与企业的合作，教师可以参与开发 VR 教学资源，推动教学模式的创新变革。另一方面，作为 VR 教学资源的推广者，教师需要提高自己的信息技术能力，成为学生学习和资源应用之间的桥梁。从教学活动过程来看，特别是对于教育专业和工科类的实训，学校采取的不再是先理论学习后实践的模式，而是教师和学生互动协作的模式。在此过程中，教师需要对教学成效进行评估，评估的因素包括教育观念、教学方法和教师与学生的角色转换等，这些都是值得进一步实证研究和探讨的领域。

在教育领域内，利用 VR 技术开发的教学资源可以创造高度仿真的学习环境，成为推动教育发展的重要工具。通过对 VR 教学资源开发的现状的分析及其应用效果与其他方法的比较，研究表明特别是那些采用传感器技术的 VR 教学资源显示出更优异的效果。

# 第四章　VR 技术在数字校园的应用

　　虚拟校园项目充分运用 VR 技术、空间地理 VR 技术、计算机图形学以及计算机多媒体技术等前沿科技，以真实的校园空间地理环境为蓝本，借助三维建模技术，实现了对现实校园场景的精准再现。虚拟校园建设要解决自动导航寻径、鼠标拾取实时显示等问题，才能体现人机工程顺畅和自然的特征。

　　在虚拟校园漫游系统中，通常要对建筑模型进行实时信息查询。为满足这个需要，应当解决虚拟场景的鼠标拾取问题，这可以通过 VR 技术中的空间包围盒技术加以实现。在特殊情况下，结合 Dijkstra 算法、基于 Visibility Sensor 的调度算法、LOD 思想等，能更好地体现人机工程的便捷性、个性化等特性。

　　VR 技术提升了虚拟图书馆和实训室的建设层次。采用基于 Visibility Sensor 的调度算法和 LOD 思想，对视域内的物体根据视点距离调度不同精度的模型，能实现 VRML 场景的快速浏览。

　　本章为 VR 技术在数字校园的应用，主要介绍了三个方面的内容，依次是虚拟校园三维场景构建与漫游导航的实现、VRML 虚拟图书馆的构建与优化浏览、网络安全虚拟实验室。

# 第一节　虚拟校园三维场景构建与漫游导航的实现

虚拟校园漫游是指在三维引擎的支持下，用户能够自由地浏览虚拟校园。借助输入设备，如鼠标和键盘，用户可以控制浏览的速度、视角和方向，实现清晰、有选择性且个性化的浏览体验。在这个过程中，寻径功能尤为关键。若一个虚拟校园漫游系统不支持寻径功能，用户很可能在复杂的三维场景中迷失方向，大大降低浏览的效率和体验。除了寻径功能，一个优秀的虚拟校园漫游系统还应具备实时显示虚拟物体属性信息的能力，这可以通过鼠标拾取原理实现。当用户将鼠标指针悬停在某个虚拟物体上时，系统能够实时显示该物体的相关信息，如名称、位置、用途等。

虚拟校园建设的初衷在于集中展示校园风貌，为人们提供一个直观、便捷的了解校园环境和文化氛围的窗口。通过虚拟校园，人们可以如同身临其境般地游览校园，感受学校的建筑特色、绿化布局、文化氛围等，从而更全面地了解学校，提升学校的影响力和知名度。

作为一种规模较大的三维虚拟场景，虚拟校园的快速绘制和优化浏览一直是可视化仿真领域研究的重点。在三维建筑模型方面，有学者对三维实体模型的建模流程进行了归纳，演绎出具有一般意义的三维实体建模策略集并详细介绍了三维数据获取与建模方法，重点对激光扫描系统、基于图像建模技术进行了说明与对比。这两种技术各有优劣，激光扫描系统能够提供高精度的三维数据，但设备成本较高；基于图像建模技术则成本较低，但精度可能受到一定影响。

## 一、虚拟校园漫游系统总体设计

### （一）系统架构

虚拟校园漫游系统作为一个融合多项先进技术的综合平台，不仅为师生提供了一种全新的互动学习体验，还为校园管理带来了诸多便利。该系统主要由应用层、功能层和数据层三个核心部分构成，每个层次都扮演着不可或缺的角色。在应用层，用户可以直接与系统进行交互，享受虚拟校园带来的各种便捷服务。功能层涵盖了从底层收集数据、进行碰撞检测和烘焙渲染等多项操作。数据层汇聚了建筑模型、纹理与材质、路径信息等。虚拟校园漫游系统架构如图 4-1-1 所示。

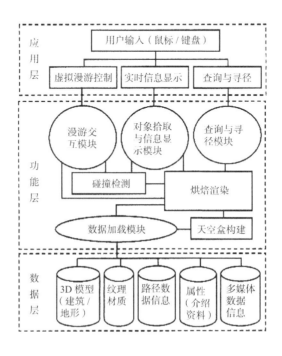

图 4-1-1　虚拟校园漫游系统架构

### （二）场景的组织与管理

随着科技的进步和数字化的发展，虚拟校园漫游系统逐渐成为现代教育、城市规划等领域的重要工具。这一系统不仅具备高度的真实感和沉浸感，还能为用户提供便捷、直观的导航和探索体验。为了实现这一目标，系统需要处理大量的建筑实体和环境物体的模型，构建一个复杂而丰富的空间结构。

传统的文件、2D-GIS 附加图像、关系数据库等方式，虽然在一定程度上能够管理这些模型数据，但在表达模型间的层次结构和相互间的复杂关系时显得力不从心。因此，我们可以采用面向对象的有向无环树状场景图对模型数据进行管理。这种方式能够很好地适应虚拟校园漫游系统的特点，满足系统对模型数据管理的需求。

结合面向对象的设计思想，虚拟校园漫游系统对构成校园场景的各种对象进行了精细分类和组织。这些类别各自继承了相应的基类，形成了清晰的类继承结构，为后续的场景渲染和交互操作奠定了坚实的基础。基于场景图的校园场景组织如图 4-1-2 所示。

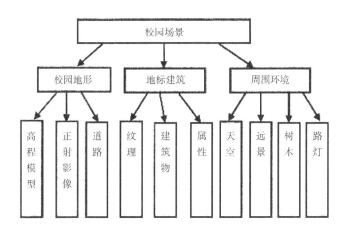

**图 4-1-2　校园场景组织**

基于场景图的校园场景组织方式，采用了有向无环图（DAG）的数据结构。这种结构不仅体现了模型的固有空间特性，还实现了对大型虚拟场景的层次化管理。在漫游过程中，系统能够动态地提取进入视点范围内的场景，从而大大提高了渲染效率。MultiGen Creator 软件就是采用这种数据结构形式，成功支持了虚拟校园漫游系统的实现。

## 二、虚拟校园漫游系统三维模型的构建

建立模型是虚拟环境创建与虚拟漫游实现的核心环节。在建模之前，我们需要对目标区域进行全面的信息收集与整理。这一过程不仅涉及平面图、立面图和效果图的收集，还涵盖了对这些图纸及相关说明信息的深入分析。

### （一）纹理与材质的获取

在现代的三维建模和渲染技术中，纹理和材质是赋予模型真实感和细节的关键要素。而要获取这些纹理和材质，实地拍摄无疑是最直接、最真实的方式。摄影师会走遍城市的每个角落，从墙壁到道路交通，从门窗到石材玻璃，甚至是辽阔的天空，都可以成为他们镜头下的素材。纹理照片透视处理前后的对比情况如图 4-1-3 所示。

（a）处理前（原始图片）　　　　　（b）处理后（纹理图片）

**图 4-1-3　纹理照片透视处理**

虚拟校园漫游系统采用纹理编码管理体系。该体系严格遵循纹理分类"大类—小类—序号—分辨率等级"的编码规则，确保了纹理资源的有序管理和高效利用。

### （二）地表建筑模型的建立

#### 1.使用纹理贴图

在三维建模的过程中，过多的模型细节往往会导致渲染效率的严重下降，甚至影响到整个项目的进度和质量。因此，如何在保证模型逼真度的前提下提高渲染效率，成为建模师需要解决的一个重要问题。

为了解决这个问题，一个高效的建模策略应运而生：合理使用纹理和材质来替代三维模型的部分几何细节。这种方法不仅能够减少建模的工作量，而且能够避免过分降低模型的逼真度的问题。纹理和材质是建模中非常重要的元素，能够增强模型的表面细节和质感，让模型看起来更加真实和生动。

2.支持 LOD 的模型生成方法

由于纹理存在模糊、普通和清晰三种不同版本，因此在使用贴图进行模型构建时，能够产生精度各异的物体模型。为了有效管理和组织这些模型，系统采用了"模型大类 + 小类 + 层次细节等级 + 颜色"的编码原则，确保每个模型都能准确归类并存入相应精度的模型库中。

如图 4-1-4 所示，支持 LOD（Level of Detail）的单个建筑模型展示了如何根据视点的远近来调用不同精细程度的模型。当视点距离建筑物较远时，系统会自动选择较为粗糙的模型进行渲染，以减少计算资源和渲染时间；而当视点逐渐靠近建筑物时，系统则会切换到更精细的模型。

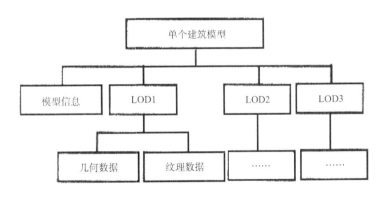

图 4-1-4　支持 LOD 的单个建筑模型

（三）地形模型的建立

1.地形数据的获取

在建立三维地形模型的过程中，数字高程模型（DEM）数据和正射影像发挥着至关重要的作用。DEM 是一种能够精准描述地形表面起伏特征的实体地面模型，而正射影像则提供了地表的真实纹理和色彩信息。DEM 数据的获取方式多种多样，包括工程测量方法和非工程测量方法。工程测量方法通常通过传统的测角、量边方法进行碎步测量，然后将数据导入数字测图软件生成 DEM。这种方法虽然精确度高，但工作量大，耗时较长。相比之下，非工程测量方法则更加简便快捷。在虚拟校园漫游系统的建立过程中，由于校园地势相对平缓，因此可以采用工程测量方法来获取 DEM 数据。将碎步点数据导入测图软件，生成等高数据。然后，依据数据构造多边形，并对其进行一系列的几何变换、投影变换、视点变换和消隐处理。这些处理步骤的目的是使多边形更加贴合实际地形，同时减少模型中的视觉误差和失真现象。

2. 地形模型的优化

DEM 格网是地形模型的核心组成部分，决定了地形的精度和细节。一般来说，格网越密，模拟的地形就越精确，越能反映出地形的细微变化和特征。然而，高精度的地形模型也带来数据量大的问题。随着格网密度的增加，地形数据的数量也会急剧上升，这会使场景载入速度变慢，甚至可能超出运行终端的处理能力，导致场景卡顿或崩溃。那么，如何在保持一定精度的同时，降低地形数据的量呢？一种常见的策略是调整 DEM 格网的疏密程度。此外，基于的 LOD 算法就是一种常用的地形优化技术。

（四）环境特殊模型的建立

在虚拟校园的建设过程中，如树木、路灯、天空等物体在真实世界中有着丰富的细节，具有复杂性，但在虚拟环境中进行建模时，它们却会耗费大量的工作量，产生庞大的数据量。对于这类不规则物体，我们可以采用透明单面技术和不透明单面技术进行处理。透明单面技术主要用于场景中复杂但对细节要求不高的物体建模。首先，利用图像处理软件（如 Photoshop）对图片素材进行透明处理。通过魔术棒工具选中素材以外的区域，删除不需要的背景，使物体能够以透明的方式呈现在虚拟环境中。处理完成后，将图片保存为 .png 格式。接下来，将这些 .png 格式的图片导入到建模软件（如 MultiGen Creator）中。最后，在建模软件中采用透明纹理映射技术，将 .rgba 格式的文件应用到这些不规则物体的表面，完成透明单面的构造。

在虚拟校园漫游系统中，为了营造逼真的环境氛围，不透明单面技术被广泛应用。这种技术的典型应用不仅限于晴天、多云、多雾等不同的天空效果，还包括了海洋、山脉等宏伟的远景。这些环境的共同特征是视点距离较远，通常只需呈现出整体效果，而不需要过多关注细节。以天空为例，虚拟校园漫游系统采用了创新的"天空圆顶"（SkyDome）方案。

## 三、虚拟校园漫游导航的关键技术

人机工程学是一门综合性的交叉学科，融合了生理学、心理学、工效学等多个学科的知识，致力于研究"人—机器—环境"三者之间的相互作用和协调关系。在人机工程学的指导下，虚拟校园的设计不仅要追求真实空间感的营造，更要注重用户体验的舒适性和便捷性。

### （一）虚拟对象拾取与信息显示

在 VR 和三维图形世界中，虚拟对象拾取是一项至关重要的交互技术。它允许用户在漫游过程中，通过简单的鼠标点击，就能精确地选中屏幕上的虚拟物体。在虚拟校园漫游系统中，用户的鼠标点击产生了一个二维屏幕坐标，但这个坐标并不能直接用于选择三维空间中的物体。空间包围盒是一个简单而高效的几何结构，用于近似地表示复杂的三维物体。虚拟校园漫游系统通过 Vega 的回调函数调用开放图形库命令，实现了虚拟对象的拾取功能。

当虚拟对象被拾取后，系统就能获得这个对象的唯一关键识别标识 OID（Object Identifier）。

### （二）虚拟对象查询与寻径导航

在三维虚拟世界中，用户往往希望能够自由探索并快速定位到特定的地点。这就涉及虚拟对象查询与虚拟寻径两项核心技术。虚拟对象查询作为起始点，帮助用户找到目标建筑；虚拟寻径则在此基础上，为用户规划出一条从当前位置到目标位置的导航路径，提供无缝的虚拟导航体验。

虚拟对象查询，就是用户在漫游过程中，通过输入需要前往的地点的名称（通常是建筑的名字），系统能够迅速找到该建筑并将其呈现在用户面前。而虚拟寻径则是以虚拟对象查询为基础，进一步为用户提供从当前位置到目标位置的导航服务。

1. 路网关系图的建立

在构建虚拟校园漫游系统时，路网关系图的建立是至关重要的一环。这个系统需要能够准确地反映校园内的实际路况，以便用户能够在虚拟环境中自由、真实地游览。然而，计算出的路径可能会"穿越"某些建筑物，这与实际情况显然是不符的。当系统检测到"穿越"情况发生时，它会在"被穿越"的建筑物外围的左右两侧分别添加一个标记点。通过比较这两边距离之和，系统会选择较短的那条路径，并剔除另一条路径上的标记点。同时，系统会记录下这个被保留的标记点的坐标以及新增的两条路径信息。

2. 基于改进 Dijkstra 算法的虚拟寻径

路网关系图是一种由大量多边形构成的拓扑结构图，描绘了建筑对象与标记点之间的空间关系。这些多边形代表着校园内的道路、走廊或其他可通行的区域，而节点则是由建筑物和特定的标记点所构成的关键位置。节点间的弧长，代表了建筑之间或标记点到建筑之间的实际距离，为导航提供了基础数据。

传统的 Dijkstra 算法需要逐一搜索所有节点，这在大型路网关系图中可能导致效率低下。因此，虚拟校园漫游系统采用了改进的 Dijkstra 算法，以更高效地寻找最短路径。这一改进的依据是：漫游导航路径的大体方向，应与起始节点到目标节点连线的方向基本一致。这一策略意味着，在选择下一个节点时，与起始节点连线方向更接近的节点会有更大的可能性被选中。通过这种方式，算法可以缩小搜索范围，仅关注那些更符合导航方向的节点，从而实现以方向优先的搜索策略。

以下是对虚拟寻径过程的具体步骤的详细描述：

第一步，需要明确用户想要查询的虚拟对象，系统会根据用户输入的名称生成相应的结构化查询语言，从属性数据库中检索匹配的属性值。

第二步，一旦找到了虚拟对象，系统会提取该对象的对象标识符。

第三步，获取虚拟对象在三维空间中的坐标。这可以通过查询空间对象管理器来实现，该管理器维护了虚拟环境中所有对象的空间位置信息。

第四步，系统会寻找与用户当前替身最近的空间对象。这个对象可能并不在用户的视线范围内，但它的位置将作为路径寻找的起始点。

第五步，根据路径的权重（如距离、时间等）来选择最优的路径，并记录路径上的每个节点。

第六步，将用户当前的位置点作为导航路径的起点，最短路径的起始节点作为第二个节点，目标位置点作为终点，利用这些信息来建立起一个完整的导航路径。

### （三）交互漫游与声音特效

作为人机结合的核心，交互漫游为用户带来了前所未有的体验。用户通过鼠标和键盘，就能轻松地控制漫游路径，在虚拟校园中自由浏览，仿佛置身于真实的校园环境中。

为了进一步增强人机交互的自然性和舒适性，虚拟校园漫游系统在漫游过程中加入了声音特效。当用户在步行漫游时，系统会发出移动的脚步声；当用户漫游到校园的后山时，系统会发出悦耳的鸟鸣声；当用户单击打开校门时，系统会发出开门的声音。

## 四、虚拟校园漫游系统实现与性能分析

虚拟场景漫游技术作为 VR 技术的分支，凭借其独特的沉浸性、交互性和构想性，在众多领域中展现出了强大的应用潜力。特别是在旅游、建筑设计、游戏、医学、航天航空等领域，虚拟场景漫游技术以其独特的优势，突破了传统的文字、

图片和动画形式的场景展示方式。在校园的环境建设规划方面，虚拟校园漫游系统发挥着巨大的作用。设计师可以通过系统对校园进行三维建模，模拟出不同设计方案的效果，从而选择出最优方案，这不仅提高了设计效率，还降低了实际建设中的风险。在教学资源管理方面，虚拟校园漫游系统能够发挥全面的资源管理功能，包括教室、实验室、图书馆等教学资源的预约、分配和查询等，使资源利用更加高效和便捷。

### （一）实现效果

登录系统后，用户可以选择步行或飞行漫游模式，并能控制漫游的方向（前、后、左、右）。在漫游的过程中，如果用户对一个特定的对象产生了浓厚的兴趣，想要了解更多关于它的信息，只需单击这个物体，系统就会立刻弹出一个信息显示对话框。用户单击"虚拟寻径"下拉菜单，系统就会弹出一个选择目的地的提示对话框。

### （二）性能分析

测试的核心策略在于通过对比在不同复杂度的模型下，系统渲染速度以及整个漫游系统运行帧率的变化情况，从而揭示其性能表现的优劣及瓶颈所在。测试环境是：CPU 为 3.2GHz、双核，内存为 4GB，显卡为 NVIDIA GeForce GTS 960，硬盘为 1TB。测试情况如表 4-1-1 和图 4-1-5 所示。

表 4-1-1　单个模型渲染性能

| 顶点数 / 个 | 三角面数 / 面 | 纹理数 /MB | 帧速 /（帧 /s） |
|---|---|---|---|
| 4792 | 1584 | 6.78 | 97.5 |
| 8069 | 2671 | 10.45 | 83.3 |
| 11792 | 3891 | 16.6 | 68.9 |
| 14679 | 4793 | 20.57 | 50.6 |
| 19352 | 5991 | 25.24 | 29.7 |
| 48916 | 15820 | 67.93 | 9.2 |

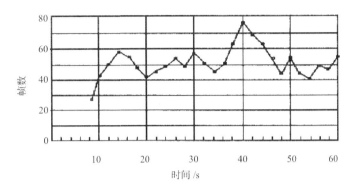

图 4-1-5　系统运行帧速率

由表 4-1-1 可以看出，模型的渲染速度与模型的复杂度和纹理大小有着密切的联系。当单个模型的三角面数控制在 6000 以下，并且所贴纹理的大小不超过 25MB 时，模型的渲染速度能够达到接近 30 帧 / 秒。然而，当单个模型的复杂度显著提升，三角面数跃升至 15 000 以上，并且所贴纹理的大小超过 70MB 时，模型的渲染效率会急剧下降。图 4-1-5 为我们提供了系统运行时的帧速数据。从图中可以看出，系统在初始运行的 60 秒内，场景文件的载入时间大约为 8 秒，这是一个相对较短的时间，说明系统的加载速度较快。同时，系统的最大帧速可以达到 76 帧 / 秒，最小帧速为 28 帧 / 秒，而平均帧速则稳定在 53 帧 / 秒。

为了进一步提升虚拟校园漫游系统的沉浸感和用户体验，我们还需要在地形模型的优化、人物角色的添加，以及动态模型的构建等方面进行深入的研究。

## 第二节　VRML 虚拟图书馆的构建与优化浏览

随着国家对教育事业投入的持续增长，我国的高等院校迎来了前所未有的发展机遇。这些学府不仅在教学质量上稳步提升，还在校园环境的建设上下了大力气，努力营造出一个既适合教学科研，又适合学生学习生活的优美环境。高校利用 VR 技术建设数字校园，不仅可以提高学校的知名度和美誉度，还能为社会公众提供一种全新的、更加直观的校园体验方式。

自 1996 年天津大学在国内率先开展 VRML 虚拟校园研究以来，虚拟校园已成为高校信息化建设的重要组成部分。浙江大学、北京航空航天大学、华中科技大学、香港中文大学等众多高校纷纷跟进，建立了各具特色的虚拟校园漫游系统，用以集中展示校园的风貌和文化氛围。这些虚拟校园不仅提供了全新的校园导览方式，还通过 VR 技术使校园文化得以更加生动、立体地呈现给广大师生和社会公众。

VRML 作为一种建立三维虚拟世界的造型语言，以其良好的跨平台性和广泛的应用领域，成为互联网上描述三维虚拟世界的标准格式和规范。以 VRML 虚拟图书馆建设为例，我们可以深入探讨 VRML 构建虚拟场景的开发流程、建模方法和调度优化策略。

# 一、虚拟图书馆的总体设计

## （一）需求分析与设计

虚拟图书馆将传统的二维图书馆拓展为三维，以更为真实、立体的方式呈现给读者，使读者仿佛置身其中。即便身处异地，读者也能通过网络实时浏览，体验到身临其境的感觉。为此，虚拟图书馆要满足以下需求：

第一，虚拟图书馆必须能够真实地展示图书馆的整体结构和外部框架。这不仅包括图书馆的外观形状，还要展现其地理位置和周围环境。

第二，虚拟图书馆必须能够逼真地展示图书馆的内部结构。

第三，虚拟图书馆还需要实现多种形式的漫游功能。这不仅是简单的浏览，还要让读者在漫游过程中能够与图书馆进行互动。

第四，虚拟图书馆还需要实现在线浏览图书的功能，并且模型渲染速度要快，浏览顺畅度要高。

为了满足现代读者对图书馆多样化的需求，虚拟图书馆应兼具实体图书馆的功能与数字化技术的便捷性。虚拟图书馆分为馆外和馆内两大部分，两者相互辉映，共同营造出一个沉浸式的阅读和学习空间。在虚拟图书馆中，各个对象是通过空间相对位置关系组织在一起的。为了确保布局的合理性，我们选取图书馆门口的道路作为参照物。这条道路不仅是实体图书馆中的交通枢纽，也是虚拟图书馆中的空间定位基准，如图 4-2-1 所示。

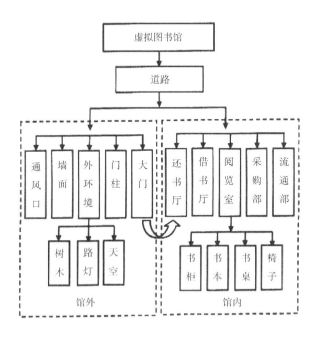

图 4-2-1　虚拟图书馆场景结构

### （二）开发工具与流程

虽然 VRML 的语法相对简洁，但在实际操作中，尤其是当涉及创建复杂或不规则形状的物体时，手动编写代码可能会变得相当繁琐。因此，在开发 VR 项目时，我们通常会借助一系列专业的 VR 软件来辅助完成，如图 4-2-2 所示。

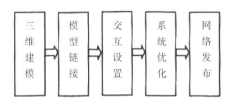

图 4-2-2　虚拟图书馆开发流程

以虚拟图书馆的开发为例，整个开发流程可以分为以下几个步骤：

　　首先，开发者利用专业的三维建模软件，如 3ds Max 或 Maya，来创建图书馆中各个物体的三维模型。接下来，将创建好的模型导入可视化编辑软件中，如 Internet Space Builder 或 Cosmo Worlds。其次，为了增强场景的交互性，开发者需要使用 Java 或 JavaScript 等编程语言来扩展 VRML 的功能。在完成了模型的创建和交互脚本的编写后，开发者需要对 VRML 模型文件进行压缩和优化，以提高系统的运行性能。最后，开发者将生成的场景文件插入到网页中，并向网络发布。

　　在整个开发过程中，开发者所使用的开发工具主要包括以 VRML 为基础的三维造型语言、3ds Max 作为主要建模工具、SGI 公司的可视化编辑工具 Cosmo Worlds 用于模型内联、VRML 脚本编辑软件 VrmlPad 用于代码优化和交互脚本的添加，以及 Cortona VRML 浏览器用于预览效果。

## 二、虚拟图书馆三维场景构建

　　三维模型的建立是构建虚拟图书馆的重要基石。在构建这一数字化空间的过程中，建模方法的选择尤为重要。这一选择受到多种因素的共同影响，包括应用需求对模型精度的要求、建设周期对建模效率的要求以及建设资金对投入成本的要求等。

### （一）基础数据的收集与整理

　　基础数据不仅关乎模型的准确性，还直接关系到模型在后期的应用效果和用户体验。

　　平面结构图是图书馆三维建模的重要数据，详细记录了图书馆建设时的规划信息，包括各个建筑场馆的具体方位、大小和位置。简化后的平面结构图将成为建模的底图，为模型的构建提供坚实的基础。

　　纹理材质数据是构建三维模型时不可或缺的元素。这些纹理材质能够赋予模型真实的质感，使其更加逼真。为了获取这些纹理材质，我们需要通过实地拍摄图书馆的各个部分，获取高质量的照片。随后，使用 Photoshop 等图片处理软件，对这些照片进行正摄处理，使其满足贴图的需求。

**（二）三维模型的建立**

在建模过程中，为了确保模型的集成融合顺利进行，我们必须采用与现实一致的平面坐标，并使用相同的长度单位进行制作。这样的做法不仅有助于模型之间的无缝对接，还能提高模型的精度和可靠性。

1. 三维模型的结构设计

（1）图书馆整体轮廓模型

在现代建筑设计过程中，计算机辅助设计（CAD）软件发挥着不可或缺的作用。以图书馆的 CAD 平面图为例，设计师会在 AutoCAD 中绘制出详细的平面图，其中包括了图书馆的各个功能区域、门窗位置、走廊布局等关键信息。

（2）图书馆墙面设施模型

墙面设施的主要类型及其建模方法如下：首先，通常使用 extrude 命令在墙体上进行挤压，形成孔洞，以此来实现窗体的建模；其次，可以采用 Boolean 工具的差集命令，在墙体上减去长方体，绘制出通风口；再次，用 Boolean 命令得到矩形空洞，然后用捕捉工具捕捉空洞平面，以此制作大门的边框；最后，可以直接构建四个长方体并放到相应位置，以此实现柱子的建模。这种方法简单易行，能够快速生成符合设计要求的柱子模型。

（3）图书馆内部物体模型

图书馆内部物体模型的构建是一项既复杂又精细的任务，涉及对多种元素和结构的精确表达。这些元素不仅包括书柜和书本，还有书桌和椅子等家具。在数字建模的过程中，我们需要对这些物体进行逐一的分析和构建，以确保最终生成的模型既真实又富有细节。

2. 三维模型的表面属性配置

在场景建模中，通过巧妙地运用纹理和材质，我们可以实现既减少三维模型建模工作量，又保持模型真实性和逼真度的目标。

贴图，即将材质图片精确地覆盖到模型表面，使模型更贴近现实世界的外观和质感。下面以地板贴瓷砖材质为例，详细介绍贴图的基本方法，并探讨其在场景建模中的应用。

首先，选中地板对象。在材质编辑器中，选择适合建筑材质的选项。其次，调整贴图的参数，以使其适应地板的形状和尺寸。单击视窗里的图片，选择漫反射贴图，并将平铺数改为 4×4。这样，瓷砖图片将在地板表面进行平铺，形成连续的纹理效果。

在完成了所有模型的贴图后，我们还可以进行简单的渲染来预览最终效果。

3. 环境特殊模型的建立

在尝试通过三维建模软件来再现图书馆周围环境时，我们面临着一个巨大的挑战：如何准确地捕捉和表达这些特殊环境物体的细节和特征。传统的建模方法不仅费时费力，而且产生的数据量庞大，这对于许多应用来说都是不切实际的。

为了解决这个问题，我们可以采用先进的透明单面技术来建模树木、路灯和花草。这种技术基于一个简单而有效的原理：对采集到的纹理材质进行透明化处理。我们通过使用图片处理软件，可以轻松删除与物体外观无关的背景，只保留物体本身的纹理和细节。然后，这些处理过的纹理可以直接导入到建模软件中，作为贴图应用在模型上。

在三维图形渲染中，天空盒（Skybox）是一种常用的技术，用于模拟无限远处的天空环境。构建天空盒的第一步是创建一个中心位于坐标原点的立方体。第二步是设定各顶点的贴图坐标（u，v），以便为天空盒的六个面匹配纹理。第三步是通过比例变换计算出本地天空盒。第四步是将天空盒渲染到场景中，并确保其中心始终位于场景相机的视点位置。

4. 三维模型的合成

在数字化时代，三维建模已成为设计、游戏开发、影视制作等领域的重要工具。建立一个完整的三维场景，通常涉及多个物体的组合与编辑。在这个过程中，如何高效且精致地组合各个物体模型，使其既符合实际要求又保证场景的运行效率，是每个设计师都需要面对的挑战。

在场景组合的过程中，模型的数量并非越多越好。过多的模型会严重降低场景的渲染效率，增加后期添加灯光和摄像机的难度。因此，设计师需要在保证场景质量和视觉效果的前提下，对模型进行适当的删减和优化。这种优化包括减少不必要的细节、合并相似的物体、使用更高效的建模技术等。

### （三）三维模型的优化

尽管 3ds Max 在建模和渲染方面表现出色，但在某些特定情况下，如导出 .wtl 文件时，它可能会遇到一些挑战。为此，我们可以利用 VRML 编辑器 VrmlPad 进行优化调节。

#### 1. 模型贴图与材质的调节

在 VRML 中，物体的外观和纹理是通过外观域节点（appearance）来控制的。

在调整材质时，需要打开 VRML 模型，找到 Indexed Face Set 面集节点，调整 color、colorindex、colorpervertex 这三个域值来改变造型颜色。我们还可以对各个图形的子节点进行材质的编辑和表面贴图的修改。修改完成后，我们可以进行调试，查看修改效果是否符合预期设计。

#### 2. 灯光的添加和设置

在虚拟世界的构建中，光照效果起着至关重要的作用。当我们使用 VRML 浏览器打开一个 VRML 文件时，系统会默认生成一个白色的平行光束。这束光照亮了浏览者的前方，为虚拟世界提供了可见度。

在后期优化阶段，主要对灯源的颜色、辐射半径、明亮程度等参数进行调整。这些参数的设置将直接影响场景的光照效果。例如，我们通过调整灯源的颜色，可以为图书馆营造出不同的氛围；改变辐射半径，可以控制光源照亮的范围；调整明亮程度，则可以平衡场景的整体亮度。

#### 3. 漫游视点的调节

VRML 作为构建三维虚拟世界的重要工具，为我们提供了一种全新的视角来观察和理解现实世界。

在 VRML 中，Viewpoint（视点节点）允许我们设置用户的观察视点，从而决定浏览者从哪个角度观察图书馆。而 Navigation（导航节点）则负责设置视点的移动方式，它决定了浏览者如何在这个虚拟空间中移动和浏览。

为了打造更为逼真的浏览体验效果，浏览者可以观察到图书馆的外观、内部布局、书架排列、读者阅读等各种场景。与此同时，Navigation 提供了五种不同的导航方式供浏览者选择，并对浏览者的漫游信息进行了个性化设置。

4. 交互功能的实现

在 VRML 中，传感器机制是实现交互功能的核心组件。这种机制的基本原理是在消息传递的节点中绑定路由，以便传感器检测到用户与虚拟环境中的物体发生交互时，能够及时地将获取到的交互信息通过路由传送到其他节点或输出到外部脚本进行处理。

VRML 中的传感器主要分为三类：时间检测器、触动检测器和感知传感器。其中，时间检测器主要用于控制动画的时间流逝，触动检测器则用于检测用户对虚拟物体的触碰事件，而感知传感器则能够感知虚拟环境中的各种状态变化。

## 三、虚拟图书馆的快速调度

### （一）基于 VisibilitySensor 算法调度视域场景

在虚拟图书馆中，由于物体模型数量众多，如果一次性加载所有模型，不仅会消耗大量的计算资源，还可能导致浏览器卡顿，影响用户体验，因此如何实现高效、流畅的模型加载和显示，成为虚拟图书馆建设中的一个关键问题。为了解决这个问题，可以采用基于 VisibilitySensor 的调度算法。这种算法的核心思想是只加载即将进入视域范围的模型，同时剔除已经消失于视域的模型。

将视域区域简化为一个扇形，当物体进入这个扇形区域时，就认为它是可见的，于是将其加载到 VRML 场景中进行显示。相反，如果物体在扇形区域以外，就认为它是不可见的，需要从 VRML 场景中剔除。

### （二）基于 LOD 思想调度视域中的物体模型

随着 VR 和 AR 技术的不断发展，如何高效渲染三维场景成为了当下迫切需要解决的问题。在这个背景下，LOD 技术应运而生，它通过根据物体距离视点的远近，动态加载不同精度的模型，从而实现了场景的快速渲染。简单来说，LOD

技术是一种根据物体与视点的距离，动态选择不同精度模型进行渲染的方法。想要实现 LOD 技术，需要对场景中的物体进行预处理。但如果阈值设置不当，可能会导致场景在切换不同精度模型时出现明显的跳跃或失真现象。

## 四、虚拟图书馆的发布与性能分析

### （一）虚拟图书馆的发布

随着网络技术的快速发展，虚拟图书馆已经成为现代教育中不可或缺的一部分。虚拟图书馆不仅为读者提供了便捷的在线阅读平台，还通过 VR 技术为用户带来沉浸式的阅读体验。要建设虚拟图书馆，关键在于让 Web 服务器支持 VRML 文件。

为了让用户更加直观地了解虚拟图书馆的内部场景，系统还提供了详细的场景图。场景图能展示图书馆的整体概貌以及图书馆的内部结构和各种藏书空间。通过这张图，用户可以清晰地看到图书馆的各个角落，从而更好地了解和使用这个虚拟图书馆。

### （二）虚拟图书馆的性能分析

虚拟图书馆不仅基本实现了网上展示的目的，而且具备了一系列引人注目的功能特点。

首先，虚拟图书馆操作简单、使用方便。这种低门槛的接入方式使更多的用户能够体验到虚拟图书馆的魅力，从而推动了数字化阅读的普及。

其次，虚拟图书馆的导航设计清晰，支持多种漫游方式，使用户能够根据自己的喜好和需求，选择最适合自己的浏览方式。

最后，虚拟图书馆还具备高逼真性和强适应性，支持跨平台运行，易于扩展和维护。

尽管 VRML 模型建立与优化技术已经相对成熟，但如何提高 VRML 模型的建模效率、降低三维模型数据传输量、优化场景调度方法，依然是 VR 现实领域不断追求的目标。

# 第三节 网络安全虚拟实验室

网络安全是一门涵盖计算机技术、融合通信、密码学等诸多领域的综合性学科。其实验器材纷繁复杂，包括服务器、交换机、路由器、防火墙、入侵检测等多种设备。虚拟实验室的构建充分利用了现代网络技术，使用户可以通过网络接入服务器进行在线实验。这些虚拟实验器材的配置内容与现场设备完全一致，配置过程和实验数据与真实设备相同。虚拟实验室的应用不仅丰富了网络安全实验教学的手段，还提高了实验教学的效果。在虚拟实验室中，学习者可以更加直观地了解网络安全设备的配置和操作过程，加深对网络安全知识的理解和掌握。

## 一、虚拟实验室的定义和发展

随着科技的快速发展，传统实验室的形式正在发生深刻变革。虚拟实验室，这一基于 Web 技术和 VR 技术构建的开放式网络化虚拟实验教学系统，正在电子测量与配置测试领域崭露头角。它利用先进的虚拟实验设备和仿真实验环境，让用户能够以近似真实的方式方便快捷地进行实验配置，再现实验过程。

为了构建功能强大、性能稳定的虚拟实验室，开发者采用了多种技术。在国内外，VRML、3ds Max、Flash、ActiveX、QuickTime VR 等技术被广泛应用于虚拟实验室的开发。

VRML 是一种用于描述三维场景的文本信息语言。它通过互联网传输至客户端浏览器，由浏览器解释生成三维场景。由于 VRML 产生的数据量很小，非常适合在 Web 中打造三维虚拟场景。3ds Max 是一种专业的三维建模软件，被广泛应用于建筑、工业和制图领域。它拥有丰富的建模工具和材质库，能够轻松绘制出复杂的三维物体。Flash 作为一种动画开发工具，虽然其渲染场景的效果不如 VRML，绘制复杂物体也不如 3ds Max，但它却具有强大的交互性。ActiveX 是一种基于 COM/DCOM 模型的技术集，允许不同软件开发的组件在网络环境和客户端浏览器中互相操作。ActiveX 组件可以用于各个方面，如大连理工大学开发的气相色谱仪 ActiveX，就可以用于构建虚拟实验室。QuickTime VR 是一种基于静态图像处理的实景建模 VR 技术。与传统的 VR 技术相比，QuickTime VR 具有更强的真实感、更丰富的图像和更鲜明的细节特征。五种 VR 技术之间的区别如表4-3-1 所示。

表 4-3-1　五种 VR 技术的区别

| 技术区别 | VRML | 3ds Max | Flash | ActiveX | QuickTime VR |
|---|---|---|---|---|---|
| 模拟 3D 场景能力 | 强 | 不适合 | 粗糙 | 一般 | 强 |
| 绘制复杂物体 | 略显粗糙 | 精细 | 粗糙 | 一般 | 精细 |
| 仿真设备交互性 | 很好 | 很好 | 很好 | 很好 | 很好 |
| 远程控制与交互 | 很好 | 不适合 | 很好 | 很好 | 不适合 |
| 文件大小 | 小 | 小 | 小 | 一般 | 很大 |
| 制作方式 | VR 编程 | 图形设计 | 图形设计 + 脚本语言 | COM 编程 + 图形 | 全景拍摄 |

随着信息技术的飞速发展，网络安全问题日益凸显，成为企业和个人关注的焦点。为了满足人们日益增长的网络安全需求，一种创新的解决方案——网络安全虚拟实验室应运而生。这种实验室采用 VRML 进行场景设计和构建，通过 3ds Max 等专业软件绘制实验器材，结合 JavaBean 组件和 Flash 技术，为用户提供一个沉浸式的网络安全学习环境。

## 二、网络安全虚拟实验室的设计与开发

### （一）开发平台和架构

网络安全虚拟实验室平台是一个采用 B/S 三层架构的重要工具。B/S 架构，全称为 Browser/Server 架构，即浏览器 / 服务器模式，是一种基于 Web 的分布式计算架构。这种架构以"瘦客户端胖服务器"为特点，将业务逻辑处理和数据存储集中在服务器端，而客户端则主要负责用户界面和交互逻辑。

在网络安全领域中，虚拟实验室扮演着至关重要的角色。它提供了一个安全、受控的环境，用于测试、评估和改进网络安全策略和工具。虚拟实验室利用

服务器端虚拟化技术来编译和提供 Java 类文件，这些文件是网络设备配置算法的核心组成部分，其中涉及的算法包括但不限于生成树算法、路由选择、防火墙过滤规则等。通过利用这些编译好的 Java 类文件，虚拟实验室能够模拟真实网络设备的行为，从而为用户提供一种高效且实用的学习方式。用户通过客户端浏览器提供的菜单和工具，可以定制网络拓扑、模拟网络入侵、配置实验设备、查阅帮助信息以及保存实验数据等。这种图形化的实验结果展示使虚拟实验具有良好的交互性、实时性和灵活性。用户可以根据自己的需求和兴趣进行个性化的实验操作，从而更好地理解和掌握网络安全相关的知识和技能。通过利用 JavaBean 组件和图形化的实验结果展示，虚拟实验室不仅降低了开发难度和复杂度，还增强了实验的交互性和实时性。网络安全虚拟实验室的三层体系架构如图 4-3-1 所示。

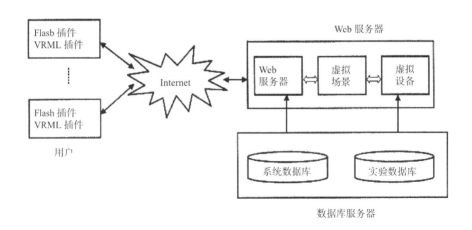

图 4-3-1　网络安全虚拟实验室三层体系架构

网络安全虚拟实验室以 Visual Studio 2005 为开发平台，采用 JavaScript 和 .NET 作为开发语言。这一选择使实验室具备了强大的开发能力和良好的兼容性。同时，实验室采用 SQL Server 2000 数据库管理系统，用于存储客户信息、虚拟设备信息和实验数据。通过 ADO.NET 技术，虚拟实验室实现了与数据库的高效连接和数据交互。网络安全虚拟实验室的设计充分考虑了用户体验。首先，实验室界面简洁明了，操作便捷，用户能够快速上手。其次，实验室提供了丰富的实验场景和虚拟设备，满足了用户多样化的需求。最后，实验室还提供了实时数据更新和结果反馈，增强了用户的参与感和满足感。

## （二）前台虚拟实验场景

通过 VRML，系统可以使用文本信息描述三维场景，并通过 Web 传输至浏览器进行解释生成。这种纯文本描述的方式使生成的数据量相对较小，非常适合在网络环境中进行传输和搭建虚拟实验室。然而，VRML 在描述复杂三维物体时，其执行效率和可靠性相对较低。为了弥补这一不足，我们引入了 3ds Max 这款强大的三维建模软件。通过 3ds Max，我们可以轻松绘制出复杂的场景和实验器材，如桌椅、网络设备等。这些器材的外观和形状特征在 3ds Max 中得以精细绘制，为虚拟实验场景提供了逼真的视觉效果；将这些器材导出为 .wrl 文件，并使用 VRML 文本对场景进行描述；结合 Flash 技术，可以在浏览器中呈现出所需的虚拟实验场景。

VRML 是一种用于创建和呈现三维虚拟世界的标准，定义了一系列节点类型，这些节点类型是实现虚拟世界构建的关键要素。造型节点定义了物体的几何形状，颜色节点为物体提供了丰富的色彩选择，光照节点则模拟了真实世界中的光源和阴影效果，视点节点使用户能够从不同的角度观察虚拟世界，而动画定时器节点则负责控制虚拟世界中的时间流逝和动画效果，朝向节点则允许物体在虚拟空间中自由转动和定位。

随着实验器材的增多，网络安全虚拟实验室会生成大量的 .wrl 文件。为了有效地管理和维护这些文件，网络安全实验平台需要设计复杂的网络拓扑拼接线。为了适应设备变更，系统采用了 SOL Server 2000 数据库来存储模型文件。

## （三）虚拟设备的 JavaBean 组件算法

在信息技术飞速发展的今天，虚拟化技术已经成为一种趋势，而虚拟设备配置命令和算法则是实现这一技术的重要组成部分。它们以 JavaBean 组件的形式存在于服务器实验数据库中，发挥着至关重要的作用。在虚拟设备中，每个命令都以独立的 JavaBean 组件形式存在。这些组件各自承担着特定配置命令的调度、使用和运行结果的记录任务。以最小生成树算法为例，其对应的 JavaBean 组件被命名为 STPmin.XML。同样，防火墙过滤规则算法和 MD5 加密算法也分别有名为 FireWallACL.XML 和 MD5.XML 的 JavaBean 组件。JavaBean 组件的作用不可忽视。它们作为虚拟设备配置命令和算法的基本构成元件，不仅提高了系统的可维护性和可扩展性，还使整个配置过程更加高效、可靠。此外，通过封装和传输 XML 文件，系统实现了前后台之间的数据共享和通信，为用户提供了更加直观、便捷的配置体验。

### （四）虚拟设备人机交互界面

Flash 作为一种领先的交互式矢量图和 Web 动画标准，其强大的交互性使它在模拟网络设备配置过程中的人机互动方面独具优势。在模拟网络设备配置的场景中，Flash 技术的运用使虚拟配置界面变得栩栩如生。用户在这个界面中，不仅能够输入配置命令，还能实时看到 JavaBean 组件返回的计算结果。这些图形元件不仅可以是静态的图像，还可以是可重复使用的动画片段。这种沉浸式的体验，无疑大大增强了用户对网络设备配置过程的理解和把握。

# 第五章 新技术与 VR 技术融合教学实践

在传统的 VR 技术中，用户只能通过手柄或者其他外接设备来控制角色或者目标的行为，而新技术，如人工智能的加入可以让这些角色或者目标变得更加智能化。它们可以根据用户的行为、语言甚至是情感来做出相应的反应，从而让虚拟现实变得更加真实。

本章为新技术与 VR 技术融合教学实践，主要从基于人工智能的 VR 教学在高校英语教学中的应用、基于大数据与云计算的 VR 实验平台应用设计、基于"BIM+VR"技术的钢结构桥梁教学实践、运用"5G+VR"技术打造工程实践教学新模式四个方面展开介绍。

# 第一节　基于人工智能的 VR 教学在高校英语教学中的应用

随着时代的发展，教学改革在 VR 技术的推动下已成为当下社会的焦点议题，部分教育机构正积极探寻相关的发展路径与未来指向。VR 技术与传统英语教学方式相结合，创造出学生可以自主学习的学习环境，为学生提供更加真实生动的体验。将 VR 技术引入大学英语教学中，相比传统教学方式将大大提高教学效率。在此基础上，本节对如何创新地将 VR 技术应用于大学英语教育进行了简单的研究和探讨，通过实证研究展示了 VR 技术作为辅助大学英语教学方法的优缺点，最终做出相应总结，以期能对教育行业的信息化教学改革产生积极影响，并为教育工作者提供一定的建议和参考依据。

科技日新月异，VR 技术在教育辅助领域的重要性日益凸显。借助人工智能，VR 教学能够构建一个高度仿真的学习环境，使学生能够自主学习、拓展信息思维与逻辑，进而全面提升个人能力，以满足创新型和信息化人才培养的多样化需求。此外，VR 技术还鼓励学生通过实践、观察和自主学习等方式进行探究，不断创新教学模式，及时发现并解决活动中的问题，从中吸取教训。

## 一、基于人工智能的 VR 技术学科

人工智能与 VR 的结合将是游戏仿真研究的又一关键探索领域。现阶段，一个技术性强且极具挑战性的研究焦点在于，如何将电子游戏仿真的技术特色与新一代计算机图形界面技术、多媒体技术、传感器技术及虚拟网络技术等相融合，从而实现更加逼真的电子游戏世界效果。为了模拟现实环境，我们需要运用高性能计算机硬件生成的高分辨率、实时的 3D 超逼真动态图像。VR 技术主要利用这些经过计算机生成和加工处理的三维图像数据，模拟真实的自然环境、感知及能力训练等场景。在感知技术方面，除了 VR 技术外，还涵盖了对人类感知的分析与逻辑思考。这不仅仅是通过计算机图形技术生成视觉图像，更需要计算机能够自动生成动觉、触觉、听觉等多种感知，甚至是今天人们所说的多感官体验。而

自然技术则涉及人体各部位的运动，如跑、跳、蹲、转等，这需要计算机进行数据记录和预测参与者的下一步可能动作。

基于这些共通点，VR 技术以一种更智能化的崭新形态渗透到我们的日常生活中，使人们在探索新知识时能获得深层次的自我安全感。这种技术的交互性揭示了它与传统工业 CAD 建模设计系统中使用的 3D 建模动画效果和模型之间的显著差异。VR 的核心在于创造动态、变革性的互动体验，提供与 3D 电影类似的视觉享受。其技术优势主要体现在高度交互性上，用户可以通过虚拟交互设备，在虚拟环境中与特定对象进行直接沟通。这种交互允许用户根据个人复杂的社交心理进行合理有效的控制，并触发特定的交互动作，这反映了虚拟系统环境中操作虚拟对象的灵活性。VR 技术所构建的这种复杂的人机关系还表现在真实用户与虚拟用户之间信息的传递和交流互动上。"想象虚拟现实"是指一种计算机 VR 技术系统，它能够即时创造并呈现出现实世界场景中并不存在的场景，或者是人们难以真实感知和体验到的场景。在这样的虚拟和现实环境系统中，用户能获得更加丰富的感性知识和更加深层次的理性认知或理解。这种体验能激发用户的主观能动性，促使其在实践中不断探索创新，最终实现认知的飞跃。

## 二、将 VR 技术应用于英语领域的信息处理与学习理论

为了真正理解信息加工学习理论的知识，我们通常将其分为多个阶段，并创造新的方法来培养人脑的信息处理能力，这是计算机学习和信息处理理论研究的重要组成部分。在教学过程中，我们必须充分考虑每个学生的实际学习情况和分析处理运算能力，并引导他们进行学习和尝试。因此，教师在设计整体知识教学活动的阶段时，应根据不同年级学生的知识需求进行安排。一个完整的、系统的知识学习过程应包括以下基本阶段：动机激发、理解感知、习得知识、保留印象、记忆加强、概念概括、操作实践以及信息反馈。学生和整个大脑系统始终在处理反馈信息和学习活动，计算机和外界因素提供的各种学习信息将在学生大脑中被逐步吸收并融合，直至学生做出相应的反应。在实施课程教学的过程中，无论是作业辅导还是自学考试测验，都必须以知识学习的基本原则和教学策略为指导。

在提高学生基础知识吸收消化能力的同时，教师应从学科全局出发，制订一套周密合理的教学计划，以帮助学生系统地掌握新知识，并最终达到预期的教育目标。

## 三、基于人工智能的 VR 教学在高校英语教学中的应用策略

### （一）创设三维教学情境

将 VR 技术与大学英语教育相结合，可以创造出立体且超越物理空间的教学环境。这种技术为教师构建了具体的教学场景，提供了模拟的视觉、听觉和触觉体验，使学生的学习更为轻松和高效，有助于学生更好地学习和应用英语知识。举例来说，通过设置如曼哈顿街头或华盛顿购物中心等真实的场景，让学生在更贴近实际的社会环境中锻炼英语交流的能力。具体的教学活动可以包括利用 VR 设备进行角色扮演，选择经典文学作品作为背景，将虚拟环境设定为作品所描述的社交场合，并据此营造相应的文化氛围。这样的教学方式能够根据学生的个性和能力进行差异化教学。此外，学生还可以从给定的台词和文本中选择自己喜爱的角色，从而在真实的对话环境中提升英语水平。这种交流技巧的练习对于学生完成课后作业大有帮助，并能激发学生对英语课程的兴趣，促使学生产生持续学习和深入理解的动力。

### （二）构建基于任务的英语模型

借助 VR 技术设备，我们可以构建一个独特的虚拟世界或主题场景，以此为基础建立起连接虚拟与现实的任务导向型大学英语教学模式。在这种模式下，我们通过类似沉浸式游戏的方法为学生分配学习任务和相应的奖励，设计多样化的剧情，让学生在与非玩家角色（NPC）的英语对话中寻找关键物品或线索，逐步推进剧情发展。在此过程中，学生将自然而然地学习和掌握英语单词、句型、时态以及交际表达等英语知识，并将其应用于实践中。例如，教师可以根据学生的特点将他们分成不同的小组，设定"积极"与"消极"的角色，利用 VR 设备辅助他们完成特定的剧情任务。结合学生的英语学习成果，教师还可以组织他们进行"面对面"的交流，或是展开"好"与"坏"的对抗游戏。这样的教学方式能

够营造出一种竞争性的学习环境，有效激发学生的好奇心和求胜欲，使他们在完成任务和学习英语的过程中更加积极主动。通过这种方式，我们不仅能有效解决学生注意力不集中的问题，还能最大化地发挥 VR 技术在英语教育中的重要作用。

在虚拟现实环境中，一旦学生进行操作，系统会立即给出反馈，从而极大地增强了操作性条件反射的强化刺激。相比之下，在传统的课堂教学模式中，学生往往只是被动地接受教师的提问并作出回答，鲜有机会以主动的方式参与互动。而 VR 技术则能够提升操作性条件反射的刺激效果。行为反馈学习理论中的一个核心观点是，与延迟的结果反馈相比，行动后立即获得的反馈具有更显著的效果。在 VR 学习技术的开发中，即时动作反馈技术发挥着举足轻重的作用。它不仅能够直观且清晰地展示即时动作过程与反馈结果之间的动态联系，还进一步提升了反馈学习信息的应用价值。

### （三）提供分层化教学资源

英语教师可以根据学生的学习热情、学习能力、知识积累和考试成绩等因素，将学生划分为不同的层次。根据这些层次，人们利用 VR 技术开发了多种沉浸式教学课件，并将这些课件提供给课堂上的学生。通过这些课件，学生能够接触到与他们的综合素养更为匹配的虚拟学习环境和英语学习资源。这不仅有助于全体学生的均衡发展，还能有效缓解学习恐惧等负面情绪。

### （四）利用 VR 学习技术增强学生的学习动力

学习动机是推动学习心理活动发展的关键动力，对学习目标的达成和学习成果的实现具有决定性作用，深刻影响着学生未来的整体学习效果。谈及学习动机对学习效果的影响，实际上是因为它在一定程度上塑造了学习动力。学习热情这一术语，描述的是学生在学习过程中展现的积极、坚韧、专注和紧张的状态。在英语教育体系中，学生主要从教材和教师处获取视听英语知识。学生通常需要提升对先前刺激对象的基本概念理解，才能更好地理解这些语言刺激之间的联系。随着 VR 技术的广泛应用，这种技术与语言认知之间的微妙联系得到了显著改善。由于 VR 技术带来的沉浸感，学生能够置身于充满英语氛围的环境中。这种互动性为学生提供了更多的视觉感官刺激来源，不再仅限于教材和教师的传授。学生能够接触到各种新颖、未知的刺激，这进一步增强了学习动机，并为后续学习阶段的全面发展奠定了坚实的基础。

随着时代的发展，VR 技术在教学领域的应用已成为当今社会瞩目的焦点。众多学校正积极探索与此相关的教学改革路径与方向。为了实现信息化教学，使学生能够更好地适应生活和社会，我们必须进行创新，对英语课程进行一系列的改革。这意味着要创立与时俱进的教育模式，从而顺应新时代科技发展的潮流，提升人才的综合竞争力。VR 技术融入大学英语教育，代表了我国大学英语教育的创新，为英语专业的发展注入了新的活力。借助 VR 技术，教师可以创造性地运用情境化、任务化、层次化的教学方法，通过虚拟现实学习技术激发学生的学习热情，构建三维教学情境，促进学生全面发展。这不仅能够营造一个沉浸式的英语教学环境，烘托出浓厚的英语学习氛围，还能在一定程度上拓展学生的信息思维和逻辑能力，确保英语学习的效率。

## 第二节　基于大数据与云计算的 VR 实验平台应用设计

近年来，得益于新技术的迅猛进步和教育部门的积极推广，VR 实训技术在高校中的应用日益普及，已成为实训教学中不可或缺的一环，对于提升高校教学质量具有显著意义。VR 实训技术是通过整合计算机技术、VR 技术等多种先进技术，构建出一个与现实世界高度相似或完全一致的虚拟教学环境。借助这一技术，我们可以模拟出实训操作的各种实体，从而形成一个高度仿真的虚拟实训系统。该技术的核心目标在于提升学生的操作技能，其直观性和交互性等特点对于教师的实训教学以及学生专业技能的训练具有极大的助益。

为了更好地契合我国新型工业化道路的发展需求，推动经济模式的转变和产业结构的优化，以及响应建设人力资源强国的战略，高校在技能型人才的培养上扮演着举足轻重的角色。实训室作为提升学生实际操作技能的关键场所，其重要性不言而喻。随着计算机技术的突飞猛进，云计算虚拟化技术和 VR 技术的出现为搭建一个高仿真度、高效率的 VR 实训平台提供了可能，有望极大地提升实训效果和资源利用效率。

## 一、总体需求分析

"做中学"的教学方法已得到广泛认可，学生可以通过实际操作来深入理解知识原理。将学生置于真实的操作环境中，有助于更高效地提升其操作技能。VR 实训平台应具备以下核心功能：

第一，首要任务是构建高度仿真的实训环境。

第二，在这种模拟的真实环境中，应能创建具体的操作案例，并精确地模拟实际操作过程。

第三，虚拟实训环境需要提供即时的操作反馈。

第四，平台应能实现资源的灵活调配。

在实训教学中运用"VR 实训技术"，应注重情景的模拟、实际操作的训练以及与学生的交互，力求将这三者完美融合。

## 二、需要解决的关键性问题

一是创建高度仿真的训练环境，对计算能力和存储空间有较高要求。

二是为了实现训练环境的灵活构建，我们需要随时删除过时的训练场景，从而释放资源用于创建新的训练环境。

三是在虚拟训练环境中创建的训练操作实例应具备智能化的反馈机制。

四是应重视 VR 实训平台的场景设计和训练实例库的建设工作。

五是平台需要有效地管理使用时的资源分配。

## 三、VR 实训平台设计

### （一）平台硬件的搭建

由于 VR 实训平台需要构建高度仿真的训练环境，这对计算能力有较高要求，传统服务器已无法满足其需求，因此可采用云计算虚拟化技术来搭建服务器集群，为该平台提供强大的计算能力和灵活的运算与存储资源管理能力。利用云计算虚拟化技术，将服务器集群的 CPU 和内存资源进行池化处理，构建成一个统一的运算池和存储池。通过云计算虚拟化平台的管理软件，可以对池化的运算和存储资源进行统一管理和调配，以满足 VR 实训平台的需求。

### （二）实训场景的构建

针对高校的实训项目，可会根据各课程需求深入剖析相应的实训场景，并据此确定所需的实体模型。主要运用 Maya 和 3Dmax 来构建三维模型。构建完成后的场景图将通过 Unity 3D 来创建具体的实训操作实例，并通过 UE4 VR 引擎来定义这些实训实例的具体操作。

以建筑工程监理课程为例，具体构建了以下实训课程场景：

首先，利用 3Dmax 精心构建了一个 24 层、每层面积约 2000 平方米的高层建筑三维模型。其次，为每一层设计了相应的建筑结构，包括房间、过道、楼梯、消防设施以及中央空调系统等，并根据房间的具体功能进行了细致的规划和布局。此外，还在房间内创建了不同施工阶段和已完成施工的建筑现场实训场景，并在建筑物内部添加了各种施工设备、工具和室内陈设。

通过 Maya，构建了高层建筑中各类人员的三维人物模型，涵盖施工人员、技术人员、监理人员、项目经理以及房屋用户等角色。其中，施工人员和技术人员还进一步细分为多个不同工种。

在 Unity 3D 环境中，创建了丰富的实训操作实例，包括建筑物结构实例、各种施工设备实例、工程施工工具实例以及各种检测设备实例。

借助 UE4 VR 引擎定义各种实训实例操作，如建筑物结构模拟称重、各种施工设备和工具的操作模拟、检测设备的操作模拟，以及建筑中各种人员的工作动作模拟等。这些模拟器将为学生提供更加真实、生动的实训体验。

### （三）演示视频的制作

VR 实训平台需要制作演示视频以辅助教学。这些演示视频可以通过多种方式制作，包括真人录制的实际操作视频，或者利用 Maya、3Dmax、flash 等软件进行制作。根据高校实训项目的视觉要求，则更倾向使用 3Dmax 创建三维建筑物的场景展示动画。同时，选择 Maya 制作人员操作设备、工具和仪器的视频，而 flash 则被用于制作简洁明了的操作说明性视频。这样的选择能够更好地满足教学需求，提供清晰、直观的教学辅助材料。

**（四）互动系统设计**

VR 实训平台融合了三种不同的交互模式：

第一，借助 VR 技术构建的场景和操作实例，师生能够利用 VR 设备全方位地感知实训环境，涵盖视觉、听觉和触觉等多个维度。通过 VR 设备，用户可以模拟操作各类设备、工具和仪器，获得身临其境的实践体验。

第二，平台保留了传统的机械式交互方式，在精心构建的 24 层高层建筑模型中设置了预设的讲解点和事件触发点。当教师或学生进入虚拟场景并抵达这些特定位置时，简单地点击或触摸动作即可激活演示视频或展示相关的解释性文字。

第三，平台整合了 AI 技术，以实现实训操作过程中数据的自动识别和采集。通过对这些数据的深入分析，系统能够给出对用户操作技巧的客观评价。

**（五）系统管理**

鉴于高校丰富的课程设置，为提升 VR 实训平台的便捷性与效率，采取了实训场景的模块化处理方式。具体而言，每一门课程的虚拟实训环境都被视作一个独立的模块。在授课期间，VR 虚拟实训平台会加载对应课程的实训场景模块。而课程结束后，平台会自动卸载该场景，并释放其所占用的计算和存储空间。这种做法不仅显著提升了实训平台资源的利用效率，还能为某些特定场景分配高性能的服务器资源，从而满足更为复杂和高端的实训需求。

## 四、VR 实训平台的应用效果与存在的问题

基于 VR 实训平台的教学实践和教学过程中采集的数据，深入分析学生的学习行为表现和学习成绩。结果显示，VR 实训平台显著提升了学生学习的积极性和感官参与度。通过该平台，教师能够更生动地展示教学过程，从而极大地拓展

了教学和教学资源的空间及感官体验。对于那些以往对学习缺乏兴趣的学生，平台提供的丰富教学资源和互动机会激发了他们的学习热情，推动了他们主动学习。这促进了师生之间的有效互动，并建立了及时的反馈评价机制。在教师的引导下，学生对课程知识产生了更浓厚的兴趣，并更主动地思考和寻求帮助。真实与虚拟的结合使教师能够更直观地展示案例，同时，他们还可以随时将出色的实验方法或实验过程上传到平台上，形成了高效的实时反馈机制。然而，VR 实训平台的高度仿真性和互动性有时可能会使个别学生过于关注场景效果而忽视课程的核心内容。因此，教师需要精心组织课程内容，突出教学重点，这对教师的课程内容组织能力提出了更高要求，也是未来需要特别关注的问题。

VR 实训平台实现了传统课堂教学与 VR 的有机结合，形成了一种新颖的混合式教学模式。在此模式下，虚拟与现实相互辅助、共同提升，使教学方式转变为注重学生能力培养的学习方式。通过 VR 实训平台的时空拓展功能，学生与课程内容的互动变得更加真实且深入。该平台在教学过程中充分考虑了学生的个性化需求，对于提升学生的实际操作能力、分析解决问题的能力以及自主学习与团队协作能力具有显著效果。同时，它也极大地激发了学生的学习热情，提高了他们的学习主动性，从而有效提升了基础实验课程的整体教学质量。

## 第三节　基于"BIM+VR"技术的钢结构桥梁教学实践

本科院校钢结构桥梁课程有着较强的专业性和实践性，可尝试将建筑信息模型（BIM）技术与 VR 技术融入教学实践之中。通过这种技术融合，可以构建一种学生主动探索、教师从旁引导的全新教学模式。以钢桁梁课程设计为实例，深入探讨了引入 BIM 与 VR 技术的必要性、实施的可能性及其带来的教学成效。在实践中，运用 Revit、Navisworks、Fuzor 等软件，成功创建了 BIM 和 VR 的交互式学习环境。同时，分析在钢结构桥梁教学中应用 BIM 和 VR 技术所面临的挑战，并提出了一系列应对策略，为相关课程的教学革新提供有价值的经验和启示。

## 一、课程教学实践现状

作为土木工程类高校桥梁工程专业的核心教学内容，钢结构桥梁课程致力于帮助学生深入了解并掌握钢结构桥梁的多种类型及其发展脉络。通过这门课程，学生将熟悉不同桥梁的构造特性、力学原理和施工方法，同时学会对常见桥梁类型进行计算、分析与设计，从而为他们的深入学术研究及未来职业生涯奠定坚实基础。在西南交通大学等知名高校中，该课程被视为桥梁工程专业的必修课程，对学生专业素养和职业技能的培育具有举足轻重的作用。因此，提升该课程的教学品质，对于推动学科进步及增强学生综合能力至关重要。

钢结构桥梁课程具有鲜明的专业特性和高实践要求，尽管课程内容丰富，但教学时间相对紧凑。

在课件中大量使用图片资料、施工现场实录以及施工过程的动画模拟等举措在一定程度上激发了学生的兴趣，同时拓展了教师的教学手段。然而，这种方式并不能最大限度地引导学生深入课程内容。根据调查研究，人们大约仅能记住 20% 的阅读信息和 18% 的听觉信息，但能记住高达 80% 的亲身体验信息[①]。这一数据明确指出了亲身体验在教学中的重要性。为了最大限度地提升教学效果，应致力于让学生以实践体验的方式深入课程内容。BIM 技术和 VR 技术的日益成熟，为改善教学困境提供了全新的选择，也为教学实践改革指明了新的方向。

## 二、BIM 技术与 VR 技术

### （一）BIM 技术概述及应用

自 1975 年美国佐治亚理工大学的查克·伊斯曼教授首次提出 BIM 理念以来，该理念已在建筑行业内逐渐被认可并广泛应用。BIM 技术依托三维信息化模型，这一技术能够整合建筑结构全生命周期的相关信息，实现多专业的协同合作，进而促进精细化、可视化、信息化的设计、施工以及运营管理。BIM 技术以其可视化、协调性、模拟性、优化性和出图能力这五大功能优势，成为继 CAD 技术之

---

[①] 唐艳芝 . 土建类专业教学中虚拟仿真技术的应用研究 [J]. 才智，2014（32）：40–41.

后推动建筑业变革的又一重要技术理念。它不仅代表着技术的进步，更推动了生产组织管理模式和从业人员思维方式的更新与换代。

在欧美等发达国家，BIM 技术已经积累了丰富的研究成果，并建立了完善的应用标准和实践体系。特别在教育领域，已有超过百所高校，如奥本大学和亚利桑那州立大学，开设了与 BIM 教学实践相关的课程[①]。自 BIM 技术引入中国以来，其在国内的应用也逐渐推广，尤其是在近几年发展迅速。住房和城乡建设部已发布相关文件，明确表达了要加速 BIM 新技术在工程项目中的应用[②]。以清华大学和华中科技大学为代表的一些国内高校已经进行了相关研究，并开设了 BIM 相关课程。同时，一些企业也在积极推动 BIM 技术在相关领域的应用。越来越多的建筑，如中国尊和国家会展中心，也开始采用 BIM 技术。

随着 BIM 技术的迅猛发展，其影响已经深入包括教育在内的多个领域。众多学者都在尝试将 BIM 技术融入教学实践中，以期改善教学环境。数据显示，截至 2013 年，美国有高达 70% 的高校已经开设了与 BIM 相关的课程，而在那些尚未开设此类课程的高校中，有 88% 的高校已计划引入相关教学。在中国，2013 年以后，清华大学、四川大学以及西南交通大学等国内顶尖高校相继成立了 BIM 工程研究中心，并开设了相关的通识课程。华中科技大学、广州大学和武汉大学也紧随其后，设立了 BIM 工程硕士班。截至 2023 年 12 月，以 "BIM 在教学中的应用" 为主题词，在中国知网上能搜索到七千多篇相关中文文献，其中超过三分之二的研究集中在土建工程方向。例如，白泉等人基于沈阳建筑大学土木工程专业的 BIM 教学改革实践，深入探讨了 BIM 技术在教学改革中的重要性和意义，并明确指出其对教学的显著促进作用。杨勃等则探讨了 BIM 技术在桥梁施工课程教学改革中的应用，并通过对比不同年级学生的课程成绩，发现 BIM 技术的引入能显著提升学生对桥梁构造和施工工艺流程的理解能力，同时还能增强学生的识图能力和施工方案优化能力。

---

[①] 郑小侠，徐志超，尹贻林 .BIM 对高等院校工程造价专业人才培养的冲击及对策研究 [J]. 建筑经济，2016（5）：115-120.

[②] 李娟芳，尚世宇，朱亚红 .BIM 技术融入高校土建类专业教学的应用研究 [J]. 四川建材，2016（7）：201-202.

### （二）VR 技术概述及应用

VR 技术的显著特点包括多感知性、沉浸感、交互性和构想性。起初这项技术主要应用于军事和航天领域。但随着硬件制造成本的降低，移动设备的广泛普及，以及计算机图形处理和人机接口技术的日益成熟，VR 技术已经渗透到了游戏、影视、建筑、教育、医疗和设计等多个行业，例如，我们所见的虚拟仿真校园。

VR 技术以其独特的交互性和沉浸式体验，在教育领域中的应用逐渐受到关注。国内外已经有不少与此相关的研究和实践。例如，崔荣曾以生物学中的 DNA 复制为案例，深入研究了基于 VR 技术的自主学习实现方式。他通过问卷调查分析了当前的教学状况、教学效果及其存在的问题，并探讨了引入 VR 技术后的教学效果。结果表明，利用 VR 技术来促进学生自主探究式学习，不仅可以提升教师的教学效果，还能帮助学生提高学习效率和学习能力。另外，张承霖等在工程训练中实际应用了 VR 技术，并详细介绍了其优势和技术方案，这为教育界提供了宝贵的参考价值。

## 三、引入"BIM+VR"技术的钢结构桥梁教学实践改革

### （一）必要性

BIM 技术的优势在于其能够涵盖建筑物全生命周期的数据信息，促进各参与者之间的协同合作，而 VR 技术则能提供一个沉浸式的虚拟仿真环境，为人们带来多维度的体验式视觉感受。这两种技术之间存在着良好的互补性，具体来说，可以利用 BIM 技术构建一个集成建筑设计、施工以及运营管理全过程信息数据的模型，并通过 VR 技术将这些场景过程在虚拟环境中更为直观地展现出来。这样，用户就可以从多个维度体验建筑场景，进而提高信息读取和传递的效率。目前，已有不少学者对 BIM 技术和 VR 技术在教育领域的应用进行了相关研究。郭文强深入探讨了基于"BIM+VR"的建筑可视化设计与应用。陆海燕等则对"BIM+VR"技术在土木工程 CAD 教学模式中的应用进行了实践性的探讨。

现代钢结构桥梁以其新颖的造型、复杂的结构及连接方式，以及精细且烦琐的施工工艺而著称。可以将 BIM 技术和 VR 技术融入钢结构桥梁的教学与实践之中。这样不仅能有效提高学生的学习热情和主动性，优化教学模式，强化教学效果，还能帮助学生解决想象力受限的问题。更重要的是这种技术融合可以增强学生运用理论知识解决实际问题的能力以及创新能力。通过 BIM 技术和 VR 技术的行施工模拟，学生仿佛化身为"项目经理"，能够亲身参与桥梁施工的全过程。在这个过程中，学生需要与消防、暖通、管网等相关专业人员进行紧密协作，全面协调"施工现场"的各项工作与管理。这种实践性强、成就感高的学习方式，以及任务驱动和案例分析的教学方法，可以引导学生独立完成或团队协作完成相关任务，进而有效激发学生的学习主动性和积极性，真正贯彻"以学生为主体"的教学新理念。

### （二）可行性

教育改革必然会面临各种挑战和问题，需要我们灵活应对，逐步推进。首先，可以积极参考国内外高校在这方面取得的初步成就，如沈阳建筑大学在土木工程制图、房屋建筑学和钢结构课程设计上的尝试①。其次，应该增加对产学融合的投入，特别是要加强教学软硬件的配置、建立并依托实训研究中心，同时，提升师资队伍的培训水平。最后，需要强化专业院系、学校以及校企之间的协作，整合各方优质资源，充分利用 MOOC 等网络资源，通过交流与合作，不断完善课程体系。随着时间的推移，BIM 技术将与各学科深度融合，从而显著提升课堂教学效果。自 2014 年起，西南交通大学就开始整合各类资源，逐步进行教学实践的探索。在成立 BIM 工程研究中心的基础上，该校与台湾景文科技大学、台湾宗升数位有限公司以及达索系统（上海）VR 技术有限公司等建立了战略合作伙伴关系。同时，通过开设相关课程，成立综合设施工程协会（CIFE），组织相关知识讲座、技能培训、科创竞赛活动，以及在校内杂志中开设 BIM 专题等方式，逐渐

---

① 王建超，张丁元，周静海.BIM 技术在建筑类高校专业课程教学中的应用探索——以沈阳建筑大学为例 [J]. 高等建筑教育，2017，26（1）：161-164.

在师生中推广并深化 BIM 技术的应用。这些举措为钢结构桥梁等专业课程开展 BIM 教学改革奠定了坚实的基础。

### （三）有效性

体验和实践被证明是吸收知识最有效且持久的方式。将 BIM 技术和 VR 技术融入钢结构桥梁的教学中，可以充分利用三维模型的可视化优势和 VR 技术的沉浸式交互体验。在教师的指导下，学生能够将已有的理论知识和学习任务带入相关的知识模型和虚拟环境中。通过这种逼真的体验，学生可以更深入地学习相关知识，并在实践中巩固基础理论，从而提升实践能力、创新能力和动手能力。

为了让学生从被动学习转变为主动学习，除了翻转课堂的方式，学校还应提供更多课外实践和创新的机会。以西南交通大学为例，学校不仅为学生提供科研训练计划及个性化实验等实践项目，还每年举办"土木科技月——结构设计竞赛"。该竞赛涵盖传统桥梁承重、桥梁设计以及新兴的虚拟桥梁、BIM 和图学能力等多个领域。通过这些赛事，学生不仅能学习 BIM 技术（如建模、渲染）和 VR 技术等相关知识，还能将所学的专业知识应用于实际中。每年，包括土木工程和建筑设计在内的多个专业的学生都会积极参与这些赛事。此外，学校还鼓励学生参加全国和全球的结构设计竞赛，以进一步拓宽视野和提升实践能力。

## 四、以钢桁梁课程设计为例的教学实践探索

在西南交通大学土木工程专业的课程体系中，钢桥课程设计占据着举足轻重的地位。特别是钢桁梁设计这一环节，它不仅是钢桥课程的关键实践部分，也是每位桥梁工程方向学生的必修内容。该课程实践的核心任务是，学生需运用课堂所学的钢桁梁相关力学和构造原理，结合实际工程案例，对各种力（如结构主力、横向风力、制动力等）作用下的杆件内力进行详细计算。基于这些计算学生需确定各杆件的合理尺寸，并进行强度、刚度和稳定性的校验；此外，学生还需完成钢桁梁的节点设计、螺栓布置，进行挠度计算并设定适当的预拱度。最后，学生利用 Midas/Civil 软件构建钢桁梁的三维有限元模型，深入分析在恒载及恒载与活

载共同作用下结构的各项性能指标，如挠度、内力、应力以及自振特性等。该课程实践的标准相当高，尽管所涉及的钢桁梁桥结构在整体上并不复杂，但其节点连接和部分构件的局部几何关系却颇具挑战性。对于那些课堂理解不够深入、又缺乏现场实践经验的本科生而言，独立完成设计任务确实存在不小的难度。因此，多数学生会选择依照模板进行分析和计算，对某些内容可能只是浅尝辄止，没有深入探究。在选择截面时，为了避免修改带来的重新计算和建模的麻烦，学生往往会采取较为保守的策略。而且，课程实践设计通常不要求对局部细节进行详尽设计。

针对钢桁梁课程设计所面临的教学难题，可以采用"BIM+VR"技术对教学实践环节进行创新性改革。试图借助这些先进技术，对课程设计实践中的各个环节进行创新，包括构件形式的确定、尺寸的选取、模型的建立、结构的计算以及场景的展示等全过程。为了具体说明，我们以一座 80 米长的单线铁路下承式栓焊简支钢桁梁桥作为实例，将"BIM+VR"技术融入教学实践，并与传统的教学方式进行对比。在教学实践中，首先利用 Revit 软件建立了 BIM 参数化模型，并进行结构分析。其次，使用 Navisworks 软件对施工过程进行了模拟，并进行碰撞检查，以确保设计的可行性。最后，通过 Fuzor 软件，为学生提供了一个可以虚拟观看钢桁梁设计全过程的场景，使他们能够更直观地理解设计的每一个步骤。同时，也对相关的实践成果进行了详细的展示，以便学生更好地了解和掌握钢桁梁设计的全过程。

## （一）Revit 建模

根据设计图纸或预设的截面尺寸，我们可以利用 Revit 构建 BIM 三维模型。这一过程主要包含三个步骤：首先是建模环境的设定，包括项目的创建、控制标高的绘制以及定位轴线的确定；其次是构建主桁杆件族、节点族、螺栓族、拼接板族等各种族型；最后是族件的组装。由于桥梁结构的复杂性以及构件尺寸因桥而异的特性，相较于传统的桥梁设计软件，BIM 建模软件如 Revit 因其独特的优势而备受设计师的青睐。这些优势包括参数化建族（即对同类构件进行参数化设计）、协调性（确保全模型的协调性，便于设计的修改）、高效出图（能够根据建立的三维信息化模型迅速导出设计施工图纸）以及协同设计能力（使不同专业的设计人员能在同一平台上进行合作设计）。

在方案论证阶段，我们采用 VR 技术进行漫游，这样可以从多个角度全面评估并选择最优方案。为了更直观地对比传统设计方式与 BIM 设计方式的差异，我们可以选取几个代表性部件进行设计对比。传统设计主要依赖设计者的经验或已有的类似案例来确定构件尺寸，并通过二维 CAD 绘制平面图来表现设计成果。当需要修改构件参数时，设计者必须手动调整所有相关联的部分。相比之下，使用三维 BIM 建模软件的参数化设计方法，我们可以轻松地调整构件尺寸，而模型会自动进行相应的关联性修改，从而便于对构件尺寸进行持续优化。此外，BIM三维建模技术与 VR 漫游技术的结合，使设计者能够直观地展示模型，并全身心地投入到设计环境中进行观察和设计。这种方式无须设计者将传统的二维图纸在脑海中转化为三维模型，从而大大提高了设计效率。总之，BIM+VR 技术在设计领域的优势是显而易见的。

## （二）模型计算分析

建筑结构模型，尤其是以钢材为主要材料的模型，不仅涉及对整体框架的深入剖析，还包括对节点和各个构件的详细分析。利用 Revit Structure，能够根据数据交互，在 Autodesk 旗下的另一款结构分析软件 Robot Structural Analysis 中生成计算模型。但这一功能还有待进一步的提升与完善。此外，也可以通过特定的模型转换接口或插件，将 BIM 模型数据导入如 Midas 和 Abaqus 等有限元分析软件中，以进行更为精确的结构分析计算。然而，这一过程也需要进一步的二次开发和优化。洪磊在其研究中，以贵阳筑城广场的竹水人行桥和鄂东长江大桥的钢箱梁局部为例，详细阐述了 Revit 模型在 Midas 软件中进行整体和局部分析的应用。对于形状复杂的构件，BIM 建模技术不仅提供了便利，还具备出色的可视化效果。设计师可以直接利用设计中创建的模型进行结构分析计算，从而避免了传统设计方式中需要根据二维图纸在有限元结构分析软件中重新建立分析模型的步骤。

### （三）施工过程模拟推演

钢结构桥梁的施工涵盖多种方法，如顶推法、预制拼装等施工工艺。4D 技术指在桥梁的三维信息模型基础上，融入时间轴，将时间因素考虑在内，进而扩展为 4D 模型。这种技术能够将桥梁结构从施工开始到竣工的全过程，以动态的三维方式展示出来，实现时间信息的有效管理。借助 BIM 技术与 VR 技术，我们可以模拟引入时间管理的桥梁施工过程，使学生在教室内即可体验，无须踏入可能存在安全风险的施工现场。这种方式不仅实现了课堂与实际施工环境的无缝对接，还让学生能够直观且感性地了解不同的施工工艺及其详细流程。同时，这也有助于培养学生的施工组织设计能力和团队协作能力。

施工是一个动态且持续调整的过程。对于错综复杂的桥梁工程而言，若仍然采用专业性强且可视化效果差的横道图来展示施工进度，将难以清晰地描述施工进度及各项工作间的复杂关系，无法全面、清晰地反映施工阶段的动态变化。此外，结合 BIM 技术与 VR 技术，我们可以在施工模拟过程中进行碰撞检查，以识别设计中的潜在缺陷。学生还可以扮演建筑工程师、项目管理人员等角色，参与到虚拟的施工过程中。这不仅有助于学生明确各个参与者的职责，也能培养他们的团队协作能力。

对于土建类专业的学生，特别是桥梁工程方向的学生而言，钢结构桥梁是一门重要的基础课程。将 BIM 技术和 VR 技术融入该课程的教学实践中，不仅改善了课堂教学环境，还满足了建筑行业和社会对专业人才的新要求。经过深入的分析论证和实践探索，发现将这两项技术引入钢结构桥梁等相关课程的教学实践是非常必要且可行的。这一教学实践改革不仅能激发学生的学习热情和主动性，提升教学效果，还能有效提高学生的实践创新能力以及团队协作能力。

## 第四节　运用"5G+VR"技术打造工程实践教学新模式

与传统实践教学模式相比，5G 技术能解决数据传输延迟的问题；VR 技术在实践教学上的应用，可模拟高危险或难以实现的实践教学场景，减少实验教学的耗材等费用投入，增加学生实践的机会；VR 技术创造的真实感、交互性、沉浸性等场景特征，可极大提高学生的学习积极性，激发学生创造力。"5G+VR"技术将对实践及实验教学模式产生变革性影响。

工程类专业因其强实践性而面临诸多教学挑战，如实践教学要求高、资源投入大等。此外，某些实践项目还存在一定的安全风险。受资金和场地的双重限制，高校往往难以提供全面、真实且高效的实践教学环境。即便资金充裕，某些复杂的实践场景，如模拟工程在地震中的表现，或者高成本、高风险且难以重复的教学项目，如隧道挖掘、水下混凝土的浇筑及高空吊装等，也难以实现。因此，借助 VR 技术，开展系统的工程实践教学，并达到理想的教学效果，已成为当前工程实践教学研究的重要课题之一。

# 一、5G 结合 VR 的特征

## （一）真实感和交互性强

VR 虚拟仿真技术能够为用户带来逼真的视觉、听觉以及触觉等多感官反馈。相较于传统的模拟手段，该技术使参与者能够与三维虚拟现实环境进行实时的交互与沟通，从而即时获取三维空间及逻辑信息。举例来说，用户不仅能够触摸物体并感受到虚拟环境中物体的重量，还能使这些虚拟物体随着手部动作而移动。

相比于传统的静态平面图片和动态视频，VR 全景不光具有生动的表现形式，而且能承载更多的信息和内容，拥有更为灵活的内容交互体验，是未来必不可少的媒体工具。在场景内加入导航标识，使多个场景被连接起来成为漫游系统，让人可以在不同场景内游走，观看场景的各个部分，让人感觉置身其中，带来真实的交互体验。

## （二）沉浸感

21 世纪，5G 不仅为大数据、人工智能、工业互联网等提供最基础的网络支撑，更是 VR 产业实现智能化、数字化变革转型的重要技术依托。5G 网络的高速率、低延时是 VR 深度沉浸发展的必要条件之一。随着 5G 时代的到来，我们体验到的不仅仅是手机网速的飞跃，5G 技术所支持的超高清视频会议、VR 全景直播、平安校园系统、创新的 VR 教学课堂、远程互动教学模式、个性化的学生情况分析、远程医疗服务、自动驾驶技术、无人机巡查、配电网保护以及产品质量检测等应用，都为用户带来了前所未有的深度沉浸体验。科技不仅在改变人们的日常生活，同时也在积极推动各行各业的蓬勃发展。

### （三）5G 网络

5G 网络，即第五代移动通信网络，其理论上的峰值传输速度高达 20Gbps，相较于 4G 网络，其传输速度提升了 10 倍以上。这一网络的大带宽和低延时特性，有望彻底解决 VR 工程实践教学内容的数据传输难题，从而实现远程的沉浸式教学活动。

我国政府对于教育信息化建设的密切关注，已经极大地推动了 VR 技术在教育领域的应用与实施。VR 技术的引入，不仅革新了传统的教学模式，更塑造了一种全新的学习环境。目前，将 5G 技术与 VR 虚拟技术结合应用于工程实践教育尚处于起步阶段，然而，其蕴含的潜力和展现的前景却是无比巨大的。

## 二、借助 VR 技术优势创新教学模式的对策

借助 VR 技术的独特优势，结合 5G 技术的实时数据传输能力，土木工程实践教学有了新的解决方案，其主要优势体现在以下几个方面：

第一，VR 技术的交互特性有助于激发学生的学习热情。通过人机交互和人人交互的方式，VR 技术能够在虚拟情境中呈现难以理解的教学内容，实现师生、生生之间的有效互动，从而提高学生的学习兴趣和效率。

第二，利用 VR 技术可以加快知识的传播速度。VR 等尖端技术能够辅助工程实践教育的知识传授，提高知识的获取效率，增强学生对知识的理解和认知效果。

第三，VR 技术有助于激发学生的创造力。VR 技术能够提供逼真的实验环境，让学生能够大胆尝试各种实验操作，同时避免安全隐患，激发他们的创造力。

第四，通过 VR 技术降低实践教学成本。VR 技术创造的虚拟实践教学场景可以供学生反复学习使用，与传统的实践教学相比，不仅节约了实验原材料，还减少了废物产生，有效降低了实践教学成本。

第五，VR 技术为学生提供了更多的实践操作机会。在 VR 环境中，学生可以反复进行实践操作，从而深入掌握操作流程。

第六，5G 与 VR 技术的融合能够构建逼真的教学环境。通过虚拟仿真技术打造真实的施工环境，满足教学的情景化和交互性需求，提升学生的实践能力和学习兴趣。这种虚实结合的教学方式在工程类专业教育领域具有广阔的应用前景。

第七，借助 5G 和 VR 技术，可以创造远程沉浸式教学体验。随着 5G 技术的普及，VR 技术与 5G 通信技术的深度融合使远程工程实践教学变得更加高效和有趣。通过将 5G 和 VR 技术融入工程实践教学中，可以为学生提供一种全新的、沉浸式的学习体验，使学习变得轻松、有趣且高效。

### 三、课程改革预期成效

基于前述的改革举措，通过进一步的研发努力，我们可以构建以下教学系统：

第一，创建一个专注于土木工程虚拟情境教学的实践中心。在这个中心里，学生能够在虚拟环境中观察和学习全球各类工程及其施工方法，深入了解不同工程节点的专业知识。

第二，开发虚拟施工安全教育系统，帮助学生掌握和了解在各种施工环境下特殊的施工步骤和潜在的安全风险。

第三，建立装配式建筑虚拟实训中心，使学生能够清晰地理解预制构件的生产过程及步骤。

第四，设立施工质量问题检测中心，通过模拟在工程施工过程中常见的质量问题，让学生通过实际操作了解这些问题的成因以及预防和解决这些问题的方法。

第五，创建火灾实验室，模拟建筑火灾、森林大火以及工业火灾等情景，深入探究火灾的发生和发展规律、烟雾的扩散规律以及在紧急情况下人员的疏散规律。

第六，建立抗震和风洞虚拟实训室，模拟地震和强风等自然灾害对建筑结构的破坏情况。

借助 VR 技术所带来的真实感、交互性和沉浸感，再结合 5G 技术的高效数据传输能力，可以有效降低实践教育的成本，为学生提供更多的实践操作机会，并模拟高风险或难以实现的教育场景。这将极大地提高学生的学习积极性，并激发他们的创造力。作为继多媒体和计算机网络之后教育领域最具潜力的新技术，VR 技术与 5G 通信技术的结合将在创建沉浸式实践教学新模式中发挥重要作用，为工程实践教育模式带来根本性的改变，展现出非常广阔的应用前景。

# 参考文献

[1] 宋晓宇，颜勤 .VR 虚拟现实 [M]. 北京：机械工业出版社，2019.

[2] 傅冰，余陈亮 .VR 虚拟技术在文化艺术教学活动中的应用 [M]. 北京：冶金工业出版社，2018.

[3] 马冲宇 . 基于虚拟现实的计算机辅助语言教学研究 [M]. 上海：上海交通大学出版社，2015.

[4] 胡永斌 . 虚拟现实教学软件开发 [M]. 北京：科学出版社，2023.

[5] 丁良喜 . 虚拟现实技术在高校教学中的应用研究 [M]. 延吉：延边大学出版社，2023.

[6] 茅洁 . 虚拟现实游泳课程教学系统资源开发与应用 [M]. 北京：北京体育大学出版社，2021.

[7] 胡文鹏 . 虚拟现实技术及其在高校教学中的应用模式研究 [M]. 延吉：延边大学出版社，2020.

[8] 赵一飞，杨旺功，马晓龙，等 . 虚拟现实在设计中的应用 [M]. 武汉：武汉理工大学出版社，2022.

[9] 汤跃明 . 虚拟现实技术在教育中的应用 [M]. 北京：科学出版社，2007.

[10] 杨加 . 数字虚拟艺术超真实表现研究 [M]. 北京：中国商业出版社，2019.

[11] 李慧娟 .VR 技术在开放教育资源建设中的应用 [J]. 中国教育技术装备，2023（24）：33–37.

[12] 肖俊 ."VR+" 教学模式创新与实践浅谈 [J]. 汉字文化，2023（19）：175–177.

[13] 李思 . 论 VR 技术在高校思政教学当中的创新运用 [J]. 新闻研究导刊，2023，
　　14（16）：206-208.

[14] 战怡霏，王静 . 虚拟现实技术在教育中的应用与困境 [J]. 科技创新与应用，
　　2023，13（20）：191-196.

[15] 冉红涛，占发禹 .VR 与 AR 技术在职业教育课程教学中的应用 [J]. 集成电路
　　应用，2023，40（7）：348-350.

[16] 虞赛赛 . 基于 VR 技术的开放大学学前教育专业教学改革策略 [J]. 互联网周
　　刊，2023（6）：86-88.

[17] 陈小洁，江晓，邱燕祥 . 浅析 VR 技术在教育教学领域中的应用——以药用
　　植物识别技术综合实训为例 [J]. 现代职业教育，2022（42）：138-140.

[18] 熊旋 .VR 技术在国际教育实验课程教学探索 [J]. 科技视界，2022（31）：
　　102-104.

[19] 王晓鸣，贾伟祺 .VR 技术在设计教育中的应用模式探索——以深圳大学艺
　　术设计教学实验中心为例 [J]. 美术教育研究，2022（17）：144-146.

[20] 谢婷玲 . 虚拟现实 VR 技术在教学资源可视化中的应用 [J]. 电子技术，2022，
　　51（7）：310-312.

[21] 费悦 . 基于心流理论的虚拟现实教学课件的研究与设计 [D]. 济南：山东建筑
　　大学，2022.

[22] 郭雪淳 . 基于 VR 的教育游戏在初中地理教学中的开发与应用 [D]. 南昌：江
　　西科技师范大学，2021.

[23] 吴霜 . 互联网背景下 "VR+" 声乐教育的研究与实践 [D]. 南昌：江西师范大
　　学，2021.

[24] 蒋媛媛 . 基于建立 VR 技术于舞蹈传播的应用研究 [D]. 南昌：南昌大学，
　　2020.

[25] 孟崇 .VR 技术视域下高校思政课教学研究 [D]. 天津：天津医科大学，2020.

[26] 李莉 . 基于网络的虚拟现实教学管理系统的设计与实现 [D]. 镇江：江苏科技
　　大学，2019.

[27] 唐萍.基于红色 VR 场馆的高校思政课实践教学设计与应用 [D].新乡：河南师范大学，2019.

[28] 孙律.基于 Unity 3D 平台的虚拟现实教学系统 [D].武汉：中南民族大学，2019.

[29] 许怀芝.基于 VR 的沉浸式教学实践探索 [D].扬州：扬州大学，2018.

[30] 郝学胜.构建面向教学应用的虚拟现实引擎的研究 [D].济南：济南大学，2018.